Nodi

Castelvecchi è un marchio di Lit Edizioni s.a.s.
Via Isonzo 34, 00198 Roma
Tel. 06.8412007
info@castelvecchieditore.com
www.castelvecchieditore.com

Stefano Fassina

IL MESTIERE DELLA SINISTRA NEL RITORNO DELLA POLITICA

Con un commento di Mario Tronti

CASTELVECCHI

Ad Andrea, Cecilia, Livio
e alla donna che mi insegna ad amare.

A Sara e Lorenzo Paolo,
belli come avrebbe voluto il padre.

Attestato di riconoscenza

Le pagine a seguire non pretendono di definire una sorta di programma fondamentale per la Sinistra del XXI secolo. Si limitano a comporre, invece, otto "memo" dedicati ai connotati distintivi della Sinistra, ma dimenticati o ignorati. Sono memo perché puntano a ricordare alla Sinistra gli impegni imprescindibili da assolvere per fare il suo mestiere. Sono memo perché sintetizzano e semplificano questioni complesse e controverse attraverso le tesi di autorevoli studiosi. Sono memo perché propongono una netta direzione di marcia e indicano per nome i compagni di viaggio, nonostante le difficoltà, le incertezze, le incognite dei terreni da attraversare. Sono memo perché fissano sul muro della memoria una lista essenziale di autori da studiare per dare basi intellettuali solide alla Sinistra.

I memo dei quali si compone il testo sono frutto di un lungo cammino, oltre 10 anni dalla pubblicazione de *Il lavoro prima di tutto* (Donzelli, 2012), tra le istituzioni della politica comunali e nazionali e ripetuti passaggi nelle istituzioni europee e internazionali, ma soprattutto tra le mille vertenze per il lavoro da Torino a Portovesme, fino ai mercati rionali delle periferie romane. Un percorso aggrovigliato, appassionante ed educativo, per la prima metà affrontato con il Partito Democratico, poi nelle avventure della sinistra fuori. Un cammino alimentato anche da qualche lettura, pause di riflessione e confronto culturale. Sono grato per quanto ho appreso da tante e tanti, anche a loro insaputa. Per strada e nei Palazzi. Maestre e maestri o soltanto donatori occasionali di saperi, preziosi seppur non sempre condivisibili. Alcuni nomi sono citati nei memo; altri fondamentali li nomino qui per completare gli incontri bibliografici essenziali: sul piano costituzionale, di filosofia politica e storia contemporanea, Mario Tronti, Giulio Sapelli, Cesare Salvi, Massimo Luciani, Eugenio Mazzarella, Michele Prospero, Leonardo Paggi, Pasquale Santomassimo, Salvatore Biasco, Geminello Preterossi, Marco Revelli, Gaetano Azzariti, Enzo Moavero Milanesi, Nunzio Guglielmino, Alessandro Somma, Francesco Pallante, Luciano Barra Caracciolo, Alessandro Mangia, Ernesto Galli della Loggia e Giuseppe Vacca; sul piano macroeconomico, il mio prof. di laurea in Bocconi Giorgio Lunghini, Vincenzo Visco, Bruno Amoroso, Pierluigi Ciocca, Vladimiro Giacché, Alberto Bagnai, Sergio Cesaratto, Massimo D'Antoni, Lucio Baccaro, Paolo Savona, Giuseppe De Lucia Lumeno, Gabriele Pastrello, Francesco Saraceno, Emiliano Brancaccio, Riccardo Realfonzo, Thomas Fazi, l'ex ministro Guarino raccontato da Angelo Polimeno. Sul versante dell'analisi delle istituzioni di welfare e della disuguaglianza, del mercato del lavoro e delle politiche industriali, Laura Pennacchi, Roberto Artoni, Maurizio Franzini, Roberto Pizzuti, Daniele Archibugi, Giulio Marcon, Mario Pianta, Michele Raitano, Elena Granaglia, Antonella Stirati, Chiara Saraceno, Salvatore Monni, Stefano Patriarca, Raffaele Tangorra, Giovanni Dosi, Grazia Pagnotta, Enrico Ceccotti, Sergio Gentili.

Infine, un abbraccio affettuoso per l'energia morale e le lezioni di dignità ricevute va agli esodati, ai compagni incatenati della ex-ex-ex Ilva di Piombino, agli ambulanti di San Basilio, alle signore della Multiservizi e delle "cooperative" delle mense scolastiche e ai netturbini per le utenze non domestiche capitoline, ai "balneari" delle spiagge liguri, ai tassisti romani, agli operatori dei call center di Almaviva, ai lavoratori dell'*handling* e delle manutenzioni e al personale di terra e di volo di Alitalia e Air Italy, ai disoccupati della rete per il "lavoro di cittadinanza", agli occupanti abusivi sgomberati da via Cardinal Capranica a Roma.

Un ringraziamento speciale a Pietro D'Amore per aver sollecitato e atteso le carte da pubblicare.

It's better to be vaguely right than exactly wrong
CARVETH READ,
Logic: Deductive and inductive, 1920

Premessa: il ritorno della Politica

Nella notte del 24 febbraio 2022, con l'avvio della guerra scatenata dal presidente della Federazione Russa Vladimir Putin all'Ucraina, si è sigillata con il sangue la chiusura della fase fantasiosamente titolata "La fine della Storia". Il titolo era derivato da un testo di Francis Fukuyama scritto subito dopo l'89 (*La fine della storia e l'ultimo uomo*, Rizzoli, 1992). Thomas Friedman, editorialista del «The New York Times», la faceva più semplice nel 1996 sul suo giornale: «Nessun Paese con i McDonald's è stato in guerra con un altro Paese con i McDonald's da quando entrambi hanno i McDonald's». Per la Große Koalition a guida Merkel a Berlino, era il «*wandel durch handel*», il 'cambiamento attraverso il commercio', per allineare la Russia all'Europa. Si profetizzava, allora, l'avvento irreversibile del "mondo piatto". Si preannunciava, sulle macerie ancora fumanti del Muro di Berlino, il dispiegamento di una sconfinata prateria liberal-democratica: il mercato globale dove, senza intralci politici, avrebbe regnato sovrano il consumatore; le istituzioni liberali avrebbero meccanicamente seguìto le privatizzazioni a tappeto. Era la favola scritta dai vincitori della "Guerra Fredda".

Dall'inizio del 2020, la diffusione globale della devastante pandemia da Covid-19 aveva travolto l'ideologia dell'auto-regolazione del mercato: lo Stato, denigrato, delegittimato e criminalizzato per quattro decadi dalla "rivoluzione neoliberista", interviene brutalmente con un'autorità larghissimamente riconosciuta a limitare, fino a eliminarli per un arco temporale definito, libertà e diritti fondamentali e costituzionalmente garantiti: dalla libertà di iniziativa economica al diritto al lavoro; dalla libertà di circolazione e manifestazione al diritto allo studio. Il pericolo per la vita porta a riscoprire il senso e a invocare l'esercizio della sovranità dello Stato nazionale, sia verso l'interno, ossia verso i "propri" cittadini, sia verso l'esterno, ossia verso gli altri Stati e i cittadini ad essi appartenenti. La sovranità dello Stato, condizione necessaria di democrazia effettiva, denigrata in quanto espressione immanente dello Stato nazionale e, pertanto, presunto vettore automatico di nazionalismo, riconquista il campo politico.

In realtà, già prima dell'invasione dell'Ucraina e del Covid-19, era evidente l'insuccesso della potente operazione ideologica. Infatti, almeno dalla "Grande Recessione" del 2008, erano emerse le contraddizioni insostenibili alimentate dai liberi movimenti di capitali, merci, servizi e persone. Poi, a giugno 2016, era arrivato il primo Sì al referendum su Brexit e, qualche mese dopo, all'inizio di novembre dello stesso anno, l'"inconcepibile" vittoria nella corsa alla Casa Bianca di Donald Trump: personaggio così lontano dai nostri miti progressisti residenti oltre oceano. Fu «The Economist», nell'edizione del giovedì successivo al voto negli Stati Uniti, a scrivere nel suo editoriale: «*History is back*». Era proprio così: la Storia tornava in quanto tornava la Politica a raccogliere la rabbia generata da smarrimento identitario e sofferenza sociale.

Il capitalismo globale finanziario aveva colpito il lavoro e, in particolare, le classi medie. Il livello delle disuguaglianze economiche, sociali, culturali, esistenziali era diventato insostenibile e alimentava la domanda di protezione, economica e identitaria, dagli effetti della libertà assoluta di circolazione di capitali, servizi, merci e persone: le quattro libertà fondamentali dell'ordine mercantilista, scolpito con una profondità storicamente inedita nei Trattati europei. «Essa [l'Unione Europea] ha stabilito le più stringenti regole per l'apertura del mercato interno di ogni altra entità politica nella storia [...] gli americani conservano molte costose barriere tra gli Stati che gli europei hanno eliminato o ridotto attraverso le loro famose quattro libertà». È quanto scrivono, su «Foreign Affairs», Matthias Matthijs e Craig Parsons, due studiosi di regolazioni dei mercati (*Single-Market Power. How Europe Surpassed America in the Quest for Economic Integration*, «Foreign Affairs», maggio-giugno 2022). Insomma, un mercato interno europeo più integrato di quello tra gli Stati USA, ma tra quadri nazionali di welfare e di tassazione più eterogenei di quelli federati al di là dell'Atlantico e senza un bilancio pubblico adeguato per attutirne i contraccolpi economici e sociali, a fronte di un bilancio federale per Washington dell'ordine del 30% del PIL statunitense. Un assetto perfetto per nutrire e far dominare incontrastato il *dumping* sociale e fiscale ai danni del lavoro subordinato, dipendente e autonomo, e ai danni delle micro e piccole imprese.

Aveva colto bene il passaggio di fase Mauro Magatti, in un saggio del 2017 intitolato *Cambio di paradigma* (Feltrinelli): «La crisi del 2008 ha spezzato il paradigma finanziario-consumerista – di norma definito neo-liberista [...] A quasi dieci anni di distanza è ormai evidente che, nonostante gli sforzi di rimettere in azione il modello, il cambiamento delle condizioni storiche è tale da rendere irreversibile la sua crisi. [...] Non esiste una sola via d'uscita».

Siamo arrivati a un "momento Polanyi", ossia a un tornante della Storia assimilabile al passaggio, avvenuto dopo la Prima Guerra Mondiale, interpretato dal grande storico, antropologo ed economista ungherese ne *La grande trasformazione* (Einaudi, 1974). Riassume efficacemente Onofrio Romano, con un linguaggio diverso da Magatti, ma altrettanto acutamente:

> Ora, i consorzi umani manifestano il bisogno di ripristinare la sovranità sulla vita, dando un senso alla loro "incerta presenza", tornando ad abitare il "proprio" mondo. A questo scopo, è in primo luogo necessario "reincastrare" l'economia nella società. Ripristinare la sovranità significa, soprattutto, che il sistema sociale torna a mettere sotto controllo e a dare ordine alla produzione, alla riproduzione e alla distribuzione delle risorse. Questa attività non può essere lasciata alla libera iniziativa degli attori, delle particelle elementari del sistema: è ora un'intelligenza centrale a prenderne cura. [...] Nella sua analisi, Polanyi non nasconde una forte opzione di valore: quello che chiamiamo verticalismo [il governo politico dell'economia, NdA] non è per lui una delle possibili forme di regolazione. Il ritorno del verticalismo all'inizio del XX secolo rappresenta, piuttosto, il ripristino di uno stato di normalità nell'organizzazione della convivenza tra gli esseri umani. Mentre l'orizzontalismo, incarnato dal mercato autoregolato, ha rappre-

> sentato un incidente, una sorta d'inedita anomalia che ha reso il mondo invivibile ed è stata rapidamente messa da parte (*La libertà verticale*, Meltemi, 2019).

Dal 24 febbraio 2022, il ritorno della Politica, quindi della Storia, è diventato senso comune: prima dell'economia, c'è la Politica: non soltanto per il *Welfare State*, ma anche per il *Security State*. Le libertà economiche non sono sacre e inviolabili. I contratti, finanche quelli sottoscritti dalle istituzioni sottratte al controllo democratico e collocate nell'empireo della presunta tecnica, investite della più elevata fiducia collettiva, vengono rescissi per decisione politica: per sanzionare la Russia responsabile della guerra all'Ucraina, le banche centrali degli Stati occidentali bloccano le riserve in valuta estera della Banca centrale di Mosca; i diritti di proprietà negli Stati costruiti sulla *rule of law* vengono violati semplicemente in ragione della nazionalità originaria dei loro titolari, nei casi dei cosiddetti "oligarchi", senza alcun passaggio giurisdizionale di individuazione di possibili reati.

Ivan Krastev, grande intellettuale di origine bulgara ora all'Institute for Human Sciences di Vienna, riassume bene il cambio di stagione in un'intervista a «Der Spiegel International» il 17 marzo 2022:

> A causa della pandemia e della guerra, lo Stato torna a giocare un ruolo più rilevante. Nella pandemia, è stato il *Welfare State* che si è preso cura dei suoi cittadini e li ha tenuti in vita. Nella guerra, è il *Security State*, che non soltanto protegge i suoi cittadini, ma chiede loro di fare sacrifici. [...] Il mondo della globalizzazione e del libero mercato, dove l'economia era interessata soltanto ai "fondamentali" e non alla politica, è finito. Non sappiamo cosa accadrà alla Russia di un dopo Putin o all'Europa che ora vive una fase romantica. Ma non dovremmo fare gli stessi errori dell'89. Allora pensammo che soltanto l'Est sarebbe stato trasformato, ma non l'Occidente. Ora, la Russia cambierà radicalmente. Ma anche noi.

Insomma, la Storia non era finita nell'89. Si era soltanto presa una vacanza. La Politica, nonostante la narrazione di moda, non era mai andata via: dalle nostre parti, ma soltanto dalle nostre parti, aveva lasciato fare all'economia. La Politica è ritornata, innanzitutto – va rimarcato –, nei luoghi epicentro dell'offensiva liberista partita all'inizio degli anni Ottanta: il Regno Unito inciso da Margaret Thatcher e gli Stati Uniti segnati da Ronald Reagan. Quando si aprono spazi politici, quando le domande si esprimono, le risposte arrivano: la Brexit e il presidente Trump. Sono i punti più avanzati, non le province dell'impero in ritardo, come l'Italia viene raccontata, a compiere per primi la svolta a "U". Le risposte sono spesso regressive, certo. Ma quelle risposte sono l'unica alternativa visibile, sul campo di gioco elettorale, al mainstream culturale e politico. L'unica zattera, raggiungibile dalla cabina del voto, per evitare alle periferie sociali di affogare. La sinistra storica e le sinistre post-'68 sono inutilizzabili. Anzi, sono riconosciute, anche oltre il dovuto, come colpevoli: sono state protagoniste, nel trentennio alle nostre spalle, con Bill Clinton, Tony Blair, Gerhard Schröder e i nostri imitatori fuori tempo massimo, della "liberazione" dell'economia dall'ingombrante presenza pubblica. In Occidente, la dottrina sociale della Chiesa – la grande, millenaria, tradizione autonoma e resistente sul piano culturale al capitalismo liberista – non trova interpreti progressisti nell'agone politico. Fino all'enciclica *Caritas in veritate*, e fino all'arrivo di Papa Francesco, è stata messa da parte dalle gerarchie cattoliche, schierate frequentemente a fianco delle destre, liberiste più delle sinistre ma, a differenza di quest'ultime, conservatrici sul versante dei diritti civili.

Attenzione: nel discorso pubblico, la Brexit e Trump, come pure i nostri impresentabili "populisti" e "sovranisti", sono stati raccontati e, poi, archiviati e rimossi come incidenti di percorso, dovuti a una inspiegabile ondata di irrazionalità di plebi indisciplinate. Invece, permangono anche in forme diverse, perché hanno cause strutturali: lo spaesamento identitario e lo spiaggiamento economico. Durante la pandemia, tali cause hanno alimentato rumorose minoranze negazioniste, "No vax" e "No green pass", nonostante l'efficace controffensiva, certo non esente da errori, al Covid-19 del personale medico e sanitario, dei governi, delle autorità "indipendenti" di politica monetaria e delle élite scientifiche. Oppure, le medesime cause hanno portato, con linguaggio diametralmente opposto, all'astensionismo in successive tornate del voto amministrativo settori produttivi prevalentemente rappresentati dalla destra: partite IVA e lavoratori dipendenti poveri, stremati dai lockdown e alla ricerca, anche attraverso il vaccino, della "normalità" perduta. Sono stati delusi dalle "loro" leadership nazionaliste rimaste invischiate nelle bolle "social" delle summenzionate minoranze ribelliste, ma sono stati a casa il giorno delle elezioni, indisponibili a votare per chi sentono lontano, nemico, finanche sentimentalmente. Anche da noi, si è ripetuto lo stesso comportamento sociale ed elettorale, nonostante il riconoscimento del lavoro svolto in termini di soccorso economico e di lotta al virus dal premier Giuseppe Conte, dal suo governo e, in particolare, dal ministro Roberto Speranza.

Il ritorno della Politica incomincia ad essere invocato anche da chi non è tra le vittime della globalizzazione e del mercato unico europeo. Anche "i vincitori", soprattutto la loro prole, consapevole e smart per condizione di classe, si preoccupano dei cambiamenti climatici: a differenza dei colpi inferti dai liberi mercati e dalla mala-gestione dei flussi migratori, gli effetti dell'innalzamento della temperatura globale e dell'inquinamento atmosferico non rimangono confinati nelle periferie. In sintesi, incomincia ad essere insoddisfatto del primato dell'economia e del ruolo ancillare della politica anche chi non ha l'assillo quotidiano della propria condizione materiale e finora ha surfato sulle quattro libertà, o comunque è riuscito a rimanere aggrappato al surf. Le reazioni alla COP26 di Glasgow, a novembre 2021, sono state eloquenti. È una novità politica di grande portata potenziale. Potrebbe essere "*game changer*" per la Sinistra, soprattutto dopo l'arrivo del Covid-19 e della guerra.

Segnali interessanti incominciano a vedersi. Ad esempio, dopo l'invasione dell'Ucraina, per imporre sanzioni alla Russia, vengono imbrigliati i famigerati "capitali finanziari" fino ad allora temuti per la loro dirompente inafferrabilità. La pandemia blocca lo spostamento di finanziamenti pubblici, in particolare attraverso il welfare aziendale, ai servizi sanitari privati e restituisce alla Sanità pubblica risorse inimmaginabili fino a prima del Covid. Sul versante della protezione ambientale, dalla Commissione Europea arriva la proposta di direttiva per introdurre, a partire dal 2026, ai confini dell'Unione, un Carbon Border Adjustment Mechanism, ossia un dazio sull'importazione dell'acciaio prodotto in Stati senza adeguati limiti di emissione di CO_2. L'inversione (temporanea?) di paradigma si nota anche nel celeberrimo Next Generation EU: il mosaico di interventi, finanziati dall'UE, di ricostruzione post-pandemia incentrato sul principio della programmazione pubblica e dei piani pluriennali. Infine, si riscopre dopo mezzo secolo che il debito pubblico può essere anche "buono", e non soltanto fonte di "colpa", come insegna la dottrina ordo-liberista scolpita dalla Germania nei Trattati europei. Il *paper*, pubblicato in corrispondenza della lettera al «Financial Times» (23 dicembre 2021) del presidente Draghi e del presidente Macron, scritto dai rispettivi consiglieri economici, propone addirittura coefficienti di ponderazione diversi, per le due categorie morali di debito pubblico, ai fini del Patto di stabilità e crescita.

Nessuna illusione di svolta irreversibile sul piano della cultura politica e dei programmi di governo. A giugno 2022, la decisione politica della BCE di inasprire la stretta monetaria per normalizzare l'inflazione in un'economia di guerra conferma non soltanto l'egemonia, ma il dominio dell'ordoliberismo nell'Eurozona. Continua a valere, per gli interessi economici più forti, l'opportunismo del gatto di Trilussa, protagonista della poesia *Er compagno scompagno* («fo er socialista quanno sto a diggiuno, ma quanno magno so' conservatore!»). Ma è evidente che, attraverso due tragedie di fila, si è riaperta una partita chiusa. Anzi, si è ricominciato a giocare la partita conclusa da tempo per "manifesta inferiorità".

Di fronte al ritorno della Politica e della Storia, riprende senso etico e politico la domanda: qual è il mestiere della Sinistra? Con "La fine della Storia", la politica diventava attività amministrativa: un viaggio lungo l'unica rotta possibile. La scelta della rotta veniva archiviata. Invece, oggi, la rotta percorsa attraverso il pilota automatico porta al naufragio. Quindi, va deviata. Ma verso quale direzione? Qui ritorna la politica. Allora, possiamo chiederci: qual è il mestiere della Sinistra? Il mestiere specifico, distintivo, quello che fa o, meglio, dovrebbe fare la Sinistra e non fa nessun'altra organizzazione politica, perché non vuole o perché non può farlo. Attenzione: l'insistenza sul mestiere distintivo della Sinistra non implica l'abbandono di altri mestieri da parte della Sinistra. Qualunque soggetto politico deve comunque essere generale, quindi versatile, multitasking. Non può essere "*single issue*" per quanto l'"*issue*" possa avere portata sistemica. Ma la Sinistra non può, non dovrebbe, non avrebbe dovuto smarrire la propria missione originaria. Non può confinarsi nella eticizzazione dei conflitti e delle tensioni sociali, siano essi la guerra, le migrazioni o la "questione salariale". Né rifugiarsi sulle nuvole dei valori (quante "Carte dei valori" scriviamo ogni anno?); condizione necessaria a definire una identità politica, ma drammaticamente insufficiente, a meno di non collocare gli "altri" nell'area dei fascisti, della destra eversiva, dei "sovranisti", come infatti regolarmente avviene, ma sempre con maggiori difficoltà, dopo la convivenza con la Lega per Salvini nel governo Draghi e dopo l'allineamento ultra-atlantista con Fratelli d'Italia.

Il mestiere distintivo della Sinistra nello scenario di ritorno della Politica è ridare valore morale, economico e sociale al lavoro attraverso la ricostruzione della sua rappresentanza e soggettività politica. È una sfida culturale, prima che politica, per navigare le contraddizioni sotto i nostri occhi: la conversione ecologica, la mutazione degli equilibri geopolitici, lo smarrimento identitario, l'emergenza educativa, l'inverno demografico, la transizione digitale. Quindi, il mestiere distintivo della Sinistra non è genericamente "stare dalla parte degli ultimi e dei più deboli". È stare dalla parte del lavoro come specifico interesse economico: il lavoro subordinato, in forma esplicita (come il lavoro dipendente) o implicita (come la parte sempre più ampia del lavoro "autonomo", delle professioni e della micro e piccola impresa soffocata dal "mercato"). È possibile? Ha senso?

Certo, i dati sono inconfutabili: la disuguaglianza economica e sociale si è ampliata e acuita. È anche disuguaglianza culturale e morale. La mobilità sociale, per quel poco che vi è stata, è rattrappita. La posizione sociale si eredita. Quando non si eredita è perché si va indietro, non avanti. Viviamo in universi paralleli: comunità separate e sostanzialmente chiuse; circuiti scolastici, sportivi, di consumo e di *entertainment* quasi senza intersezioni. È esperienza quotidiana di ciascuno e ciascuna di noi, oltre che evidenza empirica di infinite analisi. Thomas Piketty, ne *Il Capitale nel XXI secolo* (Bompiani, 2014), qualche anno fa, ha raccolto e reso intellegibile un'abbondante messe di dati per giustificare l'eccezionalità del "Trentennio glorioso" dopo la Seconda Guerra Mondiale. Lui è soltanto la rockstar di una numerosa schiera di studiosi di distribuzione del reddito e della ricchezza arrivati alla stessa conclusione. Branko Milanović, con il suo "elefante della disuguaglianza", ha tracciato, attizzando un intelligente dibattito e puntuali "confutazioni", la relazione tra stagnazione del reddito delle classi medie di Regno Unito e Stati Uniti e consenso alla Brexit, da una parte, e a Donald Trump, dall'altra. Prima di loro, aveva scavato in profondità il loro capofila accademico: Tony Atkinson.

Sul piano economico, prima con la pandemia, poi con la guerra in Ucraina, siamo entrati in un'altra epoca. Muta, ancora una volta, la pelle del capitalismo. Se la Politica in generale e la Sinistra in particolare si dimostrano all'altezza della sfida, può stabilizzarsi una fase post-globalizzazione, di convivenza tra aree geopolitiche diverse, meno interconnesse in termini finanziari e commerciali, ma senza guerre. Una "pace calda", non la riedizione della "Guerra Fredda". Potrebbero addirittura aprirsi potenzialità progressive grazie alla disarticolazione dei mercati globali determinata da misure di protezionismo politico. Lavoratrici e lavoratori, le spremute classi medie di Stati Uniti e del Vecchio Continente, potrebbero beneficiare del ri-orientamento, a partire dalla Germania, della rotta di politica economica dell'Unione Europea e dell'Eurozona: dall'estremismo mercantilista reso impraticabile dalla regionalizzazione dei mercati, alla centralità della domanda interna. Ha colto, "a caldo", il punto Vittorio Emanuele Parsi:

> Infatti, sostituire parte della domanda estera con quella interna è possibile e anche conveniente in termini sia economici che politici e sociali (più equità, più salari, più ricchezza consumata internamente) [...] Questo dovrebbe spingere tutti i governi d'Europa, compresi quelli "Frugali", a riconsiderare come sia decisiva e impellente la conversione verso un modello economico non più trainato, direi "drogato", dalle esportazioni ma invece maggiormente assicurato dallo sviluppo della domanda interna («Il Messaggero», 31 marzo 2022).

Pertanto, ora ha senso formulare la domanda: qual è il mestiere della Sinistra? Ora ha senso provare a rispondere. La risposta è articolata in sette memo di analisi e proposte e nel memo finale. Come in un puzzle, alla fine dovrebbe riconoscersi un disegno, una visione: un neo-umanesimo laburista ed ecologista.

P.S. Prima di entrare nel merito, è utile chiarire il destinatario primario dei memo: mi rivolgo alla "Sinistra" in senso largo e multidimensionale. Pertanto, con tale termine, intendo un insieme ampio e differenziato di soggetti collettivi e personalità, strutture e singoli uomini e donne presenti non soltanto sul terreno politico, ma anche sul terreno sociale, culturale, civico. Una sinistra diffusa e attiva, ma anche sparsa e intermittente, carsica, dispersa, rifluita. Sul terreno politico, la "Sinistra" include una significativa area presente nel PD, a cavallo delle sue filiere originarie. Include anche settori ampi del M5S e dell'"arcipelago verde". Infine, ricomprende le organizzazioni coalizionali (Articolo Uno e Sinistra Italiana nella scena nazionale) e non coalizionali considerate alla sinistra del PD.

A conclusione del governo Draghi, il principio ordinatore del caos politico pre-elettorale non dovrebbe essere l'ex banchiere centrale malamente uscito da Palazzo Chigi: da una parte i pro rinnovo "patto di fiducia"; dall'altra i "disertori", sebbene distanti tra loro. I "fondamentali" indicano, invece, che l'ordinamento dovrebbe essere dato dalla condivisione, almeno a grandi linee, di una visione, di una lettura della vicenda nazionale nel suo nesso con il quadro sovranazionale, di un programma e degli interessi economici e sociali da rappresentare.

Memo #1. La Sinistra senza la bussola del lavoro

Nel secondo decennio del XXI secolo, i soggetti spregiativamente definiti "populisti" e "sovranisti" sono stati protagonisti del teatro politico degli Stati Uniti e della "vecchia Europa". Sono stati e sono soggetti radicalmente diversi tra loro, collocati su versanti politici opposti. In alcuni casi, sono stati e sono partiti di destra a segnare il campo elettorale, come lo UKIP nel Regno Unito, il Rassemblement National in Francia, AfD in Germania, Vox in Spagna, Lega per Salvini Premier in Italia e il Partito Repubblicano catturato da Donald Trump negli USA, per ricordarne soltanto alcuni. In altri, sono stati e sono partiti e movimenti in qualche modo collocabili a sinistra: da Syriza in Grecia, al Labour Party di Jeremy Corbyn nel Regno Unito; da Podemos in Spagna a La France Insoumise in Francia; dal Movimento 5 Stelle in Italia a Die Linke in Germania. Al di là della collocazione politica, sono stati e sono un insieme di esperimenti capaci di dare voce alle sofferenze e alla rabbia sociale storicamente affidatesi, in larga misura, alla sinistra socialdemocratica e laburista. Hanno raccolto e raccolgono le domande di giustizia sociale e ambientale e di orientamento identitario. Sono stati e sono abili a cavalcare l'indignazione verso la politica. Tuttavia, quando si sono misurati nelle funzioni di governo, si sono rivelati spesso inadeguati, anche per profilo di classe dirigente, ad affrontare il durissimo conflitto da fare con gli interessi economici consolidati. Su quelli presenti in Unione Europea, ha anche inciso negativamente la percezione diffusa degli effetti negativi della Brexit. Da essi, inoltre, è emersa scarsa consapevolezza dei rigidi "vincoli esterni" intorno e dentro ciascun contesto nazionale, e soprattutto notevole ingenuità nella sottovalutazione del pragmatismo degli avversari («rivoluzione passiva», nel lessico di Antonio Gramsci). La parabola del Movimento 5 Stelle è esemplare. Insomma, le ricette di Ernesto Laclau e Chantal Mouffe sulla "sinistra populista", alternativa alla "sinistra liberista", si adattavano bene alle società dell'America Latina della fine del secolo scorso, contraddistinte da classi medie ristrette e diradate connessioni industriali, finanziarie e commerciali globali. Invece, hanno trovato e trovano difficoltà a diventare efficaci in economie aperte e fortemente integrate, segnate da classi medie larghe sebbene impoverite, martellate da un incessante fuoco mediatico pro-establishment.

Tuttavia, i "populisti di sinistra" hanno anche raggiunto e raggiungono risultati importanti: Jean-Luc Mélenchon, alla guida de La France Insoumise, reinterpreta in chiave di protezione sociale e identitaria la sinistra e diventa protagonista del quadro politico francese: manca per 400.000 voti, per la seconda volta, il ballottaggio per la presidenza della Repubblica e ottiene uno straordinario risultato alle elezioni per l'Assemblea Nazionale con il cartello sinistre, Verdi e Partito Socialista. Jeremy Corbyn è sulla stessa lunghezza d'onda: raccoglie nel 2017 il secondo miglior risultato della storia recente del Labour Party in termini di voti assoluti (preceduto soltanto, per poche centinaia di migliaia di voti, da Tony Blair versione 1997, a valle di diciotto anni di Thatcher e successori), ma arriva troppo tardi alla guida del Partito Laburista per vincere le elezioni nel contesto della Brexit. Anche a destra, sia da questa parte dell'Atlantico, sia dall'altra, i "sovranisti" continuano a mietere consensi. Nelle elezioni presidenziali e politiche in Francia nella primavera 2022, per la prima volta, nonostante il sistema elettorale maggioritario, il partito del presidente in carica perde la maggioranza assoluta dell'Assemblea Nazionale. Negli USA, nelle previsioni per le elezioni di *mid-term*, i Repubblicani guidati dall'"eversore" Donald Trump sono nettamente avanti ai Democratici segnati dalla presidenza Biden.

Nonostante le carenze dell'onda "populista" originaria, in larga misura evidenti già prima dell'avvento del Covid-19, i problemi di fondo rimangono. Le contraddizioni sono vive. Sono struttura, avremmo sottolineato un tempo. Anzi, la riorganizzazione dell'ordine geopolitico e dei mercati globali indotta dalle reazioni alla guerra all'Ucraina può aggravarle.

L'epicentro delle contraddizioni è il lavoro: il lavoro subordinato, dipendente o formalmente autonomo, rimane spiaggiato. Ossi di seppia. Oramai vi sono valanghe di dati. Sono noti e univoci, anche per larga parte delle classi medie. Per documentarli in termini di reddito e ricchezza, rinvio al già citato *Il Capitale nel XXI secolo* di Thomas Piketty. La deriva è nota e sostanzialmente comune a tutte le nazioni occidentali: dalla fine degli anni Settanta, crolla la quota del reddito conquistata dal lavoro su quanto viene prodotto ogni anno. Per l'Italia, il presidente dell'INPS, Pasquale Tridico, ha accuratamente documentato la caduta della componente salari, sul totale dei redditi da attività economiche, di oltre 10 punti percentuali nei quattro decenni alle nostre spalle e un aumento vertiginoso della disuguaglianza salariale. Secondo l'OCSE, siamo l'unico Stato dell'Unione Europea dove si è registrata, in trent'anni, una riduzione delle retribuzioni in termini reali, a fronte di un aumento di circa il 30% per la Francia e la Germania (*Taxing Wages 2022*, OECD, 2022, https://www.oecd.org/tax/taxing-wages-20725124.htm). Pochi concentrano nelle loro mani enormi ricchezze e, quindi, potere mediatico e politico. La pandemia ha ulteriormente allontanato il vertice da una base sempre più larga. L'inflazione da offerta, prima nutrita dal rimbalzo dell'economia post-lockdown, poi dalle sanzioni alla Russia e dalla speculazione sul gas e sulle materie prime, ha ulteriormente eroso il potere d'acquisto dei redditi da lavoro.

L'impoverimento del lavoro e l'indebitamento delle classi medie furono la causa fondamentale della crisi del 2007-2008. Ma, da allora, l'impianto regolativo dell'economia è rimasto inalterato. In una fotografia dei lavoratori poveri in Italia (*Relazione del gruppo di lavoro sugli interventi e le misure di contrasto alla povertà lavorativa in Italia*, https://www.lavoro.gov.it/priorita/Documents/Relazione-del-Gruppo-di-lavoro-sugli-Interventi-e-misure-di-contrasto-alla-poverta-lavorativa-in-Italia.pdf, dicembre 2021), aggiornata al 2019, quindi prima dell'impatto della pandemia e della guerra, il ministero del Lavoro indica che intorno al 25% delle lavoratrici e dei lavoratori del settore privato hanno un reddito al di sotto della soglia di povertà. È un dato agghiacciante. Ancora più agghiaccianti il disinteresse e l'incomprensione diffusi per le sue cause e l'inconsapevolezza dell'impossibilità di migliorare significativamente le condizioni del lavoro soltanto attraverso le limitatissime possibilità della leva fiscale e del salario minimo. Ad esso consegue il sostanziale blocco della mobilità sociale, già spompata in Italia: i figli ereditano la condizione sociale dei padri. Infine, un ultimo indicatore della svalutazione del lavoro, ma primo per rilevanza morale: si muore di lavoro (tre vittime al giorno), nell'indifferenza o nella rassegnazione generale. Eccezione: la Chiesa di Papa Francesco. In tale scenario, vogliamo condividere, con l'ottimismo della volontà politica, l'editoriale del «Financial Times» del 1 febbraio 2022: «Il capitale ha dominato il lavoro per mezzo secolo. Ma il tavolo si sta ribaltando. I datori di lavoro prendano nota».

La foto, oramai nota, innesca un quesito: le condizioni economiche e sociali, così divergenti ed ereditarie, rilevano ancora nella costruzione dell'identità politica ed elettorale? A leggere le analisi del voto, da tempo e ovunque nelle democrazie di più (relativamente) lunga durata, la correlazione tra voto e condizione economica e sociale è rimasta piuttosto stretta. Il voto, astensione inclusa, ha ancora una chiara relazione di classe. Purtroppo, la relazione ha invertito l'orientamento prevalente nel Novecento. Allora, le sinistre, i diversi partiti del largo e variegato filone della sinistra storica in Europa, erano i riferimenti della classe operaia, dei lavoratori e delle lavoratrici più deboli, subordinate, anzi sottomesse, ma organizzate. Da almeno un quarto di secolo, in misura sempre più significativa, le fasce sociali spiaggiate e periferiche votano per i partiti etichettati con infantilismo "populisti" e "sovranisti" oppure, nel migliore dei casi per i progressisti, non vanno a votare. Le mappe economiche ed elettorali delle grandi città sono eloquenti, come lo sono le rilevazioni su campioni nazionali.

Leggiamo le indagini Ipsos di fine 2021 sulla distribuzione del voto per classi sociali (da allora l'unico cambiamento sostanziale è il travaso di consensi dalla Lega per Salvini a Fratelli d'Italia). Il PD ha un consenso del 20,7% come media generale tra quanto raccolto nelle diverse classi sociali. Tra "imprenditori, professionisti e dirigenti" supera la media e arriva al 25,5%, ma tra "operai e affini" crolla all'8,2%. Tra questi ultimi, la Lega per Salvini è al 27,8%, ben oltre la sua media del 20%; Fratelli d'Italia al 17,7% (in media è al 18,8%) e il M5S al 15,8% (in linea con la media del 15,8%). Gli "operai e affini" sono una classe residuale? Secondo la classificazione ISTAT sono ancora circa 7 milioni, ai quali si aggiungono quasi mezzo milione di "apprendisti". Tra i disoccupati – ufficialmente sono intorno a 2,5 milioni – non va molto meglio: Il PD va al 14,6%, sotto al M5S (19,5%) e a Fratelli d'Italia (18,8%). In sintesi, tra le fasce sociali più in difficoltà – oltre 10 milioni di persone, originariamente il suo primario riferimento –, il principale partito della sinistra è residuale o comunque staccato dalla destra e dal movimento grillino. Nel lavoro autonomo povero, il risultato è analogo. Tralascio di soffermarmi sui gruppi di "sinistra a sinistra del PD", sia quelli alleati al PD nelle variopinte coalizioni di centrosinistra, sia quelli alternativi al PD: sono sostanzialmente riproduzioni in scala dello stesso impianto culturale del PD oppure iperminoritari in termini di cultura politica.

Di fronte a tale quadro, finora, gli eredi delle sinistre storiche e dei movimenti sessantottini, sinistre di governo e sinistre radicali, hanno avuto due reazioni, quando hanno avvertito e razionalizzato il problema. Vi sono rilevanti variazioni nazionali (La France Insoumise, in controtendenza per insediamento sociale del voto), ma si nota un filo comune. Mi concentro sulla vicenda italiana. La prima reazione è stata di amara (?) rassegnazione: noi siamo altro, oramai, in termini di soggetti sociali e di interessi economici di riferimento. E poi, le questioni economiche e sociali fondamentali sono precluse alla politica. Tuttavia, siamo "i migliori" in termini di classe dirigente e abbiamo un consenso elettorale sufficiente ad essere sempre indispensabili, anzi costretti al governo, data l'inaffidabilità europeista delle destre. Siamo, comunque, senza dubbio, sinistra in quanto siamo soltanto noi i veri antifascisti, sempre pronti a qualunque presidio, in una fase dove, per noi, il fascismo è sempre alle porte. Siamo, comunque, sinistra in quanto siamo noi gli instancabili propulsori delle istanze LGBTQI+, apripista dei diritti civili senza limiti. Siamo noi gli eroi dell'accoglienza dei migranti senza se e senza ma. Quindi, perché rischiare di perdere le solide e belle *constituencies* di oggi e una comoda e sicura rendita di posizione istituzionale nel tentativo difficile, quasi impossibile, di ricostruire un rapporto con i "perdenti", brutti, sporchi e cattivi, della globalizzazione? Per larga parte delle classi dirigenti progressiste, nazionali e locali, il governo è dimensione esistenziale. Non è un mezzo decisivo per poter migliorare le condizioni materiali di vita di chi è più in difficoltà. Il governo è un fine in sé. La politica quindi diventa, nel migliore dei casi, buona amministrazione. Ricordo il compianto Alfredo Reichlin quando amaramente ripeteva: «I mercati governano, i tecnici amministrano e i politici vanno in televisione».

L'altra reazione alla separazione della Sinistra dal suo popolo originario è stata di ansia di riconquista del terreno sociale perduto ma, insieme, di quasi completa inconsapevolezza del cambio di paradigma di cultura politica, di interessi economici da coltivare, di priorità di policy, di linguaggio, necessari per la controffensiva. Le sinistre cosiddette radicali e di opposizione, oramai quasi estinte, punteggiano qualche periferia, sono spesso consapevoli, ma sono totalmente accartocciate sulle loro micro-identità (nelle ultime elezioni amministrative a Roma vi erano almeno cinque candidati e candidate "comunisti" a sindaco), indisponibili a una politica di alleanze per arrivare alla rappresentanza istituzionale e, orrore, al governo delle città, delle Regioni o dello Stato.

Quindi? «La rappresentanza del mondo del lavoro oggi essenzialmente cade in modo diretto sul sindacato. [...] Possiamo dire che il sindacato sopperisce a un deficit del sistema politico. È una versione odierna del pansindacalismo degli anni '70 del secolo scorso» (Massimo Villone, «il manifesto», 10 dicembre 2021). E non va bene. Il pansindacalismo non va bene perché non funziona: induce al corporativismo. La mediazione politica tra i contrapposti interessi è compito irrinunciabile in una democrazia sana. «A ciascuno il suo mestiere» (copyright Sergio Cofferati): la rappresentanza politica dell'universo del lavoro dovrebbe essere la missione della Sinistra. Attenzione: la destra è sempre la destra, non fa gli interessi degli operai e dei disoccupati, né delle classi medie impoverite, ma miete consensi perché ne riconosce e ne raccoglie le domande di protezione sociale e identitaria e offre loro le risposte semplici delle chiusure nazionaliste, del ritorno impossibile a un passato dipinto come idilliaco e della criminalizzazione dei migranti. Le destre offrono alle periferie sociali un "nemico di classe" finto, a copertura degli interessi economici più forti, ma visibile e oggettivamente concorrente nell'accesso a un *Welfare State* e a un lavoro sempre più povero. Insomma, un bersaglio facile contro il quale scaricare rabbia sociale. Da noi, dalla sinistra mainstream, invece, le periferie ricevono indifferenza o pronti presidi antifascisti quando qualche banda di Casa Pound o Forza Nuova fa la ronda tra i lividi casermoni di edilizia pubblica. Oppure, da noi hanno incomprensione, suprematismo morale o autoconsolatorie etichettature di razzismo di fronte a domande di protezione identitaria. Domande, invece, decisive, da cogliere, come aveva incominciato a fare il Labour Party di Jeremy Corbin e come ha fatto nelle periferie delle città francesi La France Insoumise con Jean-Luc Mélenchon: perché da chi non è mai uscito dal proprio quartiere, non ha avuto la fortuna di viaggiare, di scoprire e di incontrare l'altro, di imparare lingue e conoscere culture diverse, sono comprensibili lo smarrimento e la paura dell'"alieno", tanto più quando l'"alieno" è percepito come insidioso per servizi pubblici scarsi. Comprensibili e da "curare" con politiche sociali e con politiche culturali per l'integrazione, ma rivolte anche a chi c'è, oltre che a chi arriva.

Perché noi, la Sinistra, siamo caduti così in basso, di fronte all'aggravamento delle condizioni sociali del lavoro e delle classe medie? La questione dovrebbe essere il nostro assillo quotidiano. Invece, la domanda è rimossa. La risposta sintetica, articolata nelle pagine successive, è: perché abbiamo sistematicamente e acriticamente sostenuto, spesso inconsapevolmente, il primato del mercato e le annesse "riforme" contro gli interessi del lavoro; perché abbiamo scaricato sulle aree sociali più stressate la competizione con i migranti, abbandonati dopo la dovuta accoglienza. Nella rassegnata impotenza sulle questioni economiche, siamo diventati paladini soltanto dei diritti civili, spesso affrontati in chiave individualistica e proprietaria. Pier Paolo Pasolini fu profetico all'inizio degli anni Settanta. Nel suo ultimo scritto, preparato per il congresso del Partito Radicale tenuto pochi giorni dopo il suo assassinio, scriveva:

> Ora, la massa degli intellettuali che ha mutuato da voi, attraverso una marxizzazione pragmatica di estremisti, la lotta per i diritti civili rendendola così nel proprio codice progressista, o conformismo di sinistra, altro non fa che il gioco del potere: tanto più un intellettuale progressista è fanaticamente convinto della bontà del proprio contributo alla realizzazione dei diritti civili, tanto più, in sostanza, egli accetta la funzione socialdemocratica che il potere gli impone abrogando, attraverso la realizzazione falsificata e totalizzante dei diritti civili, ogni reale alterità. Dunque tale potere si accinge di fatto ad assumere gli intellettuali progressisti come propri chierici. Ed essi hanno già dato a tale invisibile potere una invisibile adesione intascando una invisibile tessera (pubblicato in Pier Paolo Pasolini, *Lettere luterane*, Einaudi, 1980).

Anticipo la replica "progressista": ancora contrapponi diritti civili e diritti sociali o rivendichi gerarchie tra le diverse dimensioni dei diritti? No. I diritti civili sono imprescindibili, come i diritti sociali, nella unicità della persona, sebbene vada seguìto un paradigma umanista (più avanti evidenzio l'insostenibile deriva sulla maternità surrogata e sul famoso DDL Zan). Come per l'accoglienza dei migranti, il punto politico cardinale per la Sinistra è migliorare le condizioni materiali di vita delle persone in difficoltà e rispondere al loro smarrimento identitario. L'impegno, sacrosanto, per i diritti civili non è tratto distintivo della Sinistra. Come noto, è impegno condiviso anche da tutto l'arco liberista: dal Partito Radicale fino a frange di Forza Italia. Nel Regno Unito, come noto, fu il premier conservatore David Cameron a far approvare la legislazione per i matrimoni gay. Negli USA, i più ferventi paladini dei diritti civili sono i movimenti *libertarian*, ultra-liberisti nella dimensione economica e sociale.

Attenzione, però, alla moda anti-ZTL. È decisivo l'insediamento in parte significativa delle classi dirigenti. Uno non vale uno. Oramai dovrebbe essere chiaro. Senza classi dirigenti adeguate, incisività europea e internazionale e riforme vere per il lavoro e l'ambiente rimangono evocazioni: si va a sbattere o, nel valzer dei trasformismi, si diventa totalmente subalterni. La sinistra deve allargare la sua rappresentanza sociale, integrare periferie e ZTL, non sostituire strati "alti" e ristretti con "basi" ampie. I grandi partiti della cosiddetta Prima Repubblica – DC, PCI e PSI innanzitutto – erano tali in quanto componevano popolo ed élite. Il punto culturale e politico è la rassegnazione della sinistra a rimanere "fuori" dalle periferie umane e rinunciare alle partite economiche e sociali fondamentali per praticare una politica identitaria e lanciarsi in autolesionistiche "*culture wars*" sui diritti civili, lungo una declinazione liberista e "transumanista".

Dobbiamo rassegnarci? No. Le conseguenze sulla globalizzazione assoluta determinate dalla guerra all'Ucraina e la presenza delle contraddizioni sociali e ambientali aprono spazi per un'iniziativa sensata sul piano politico. Ma la sfida per la Sinistra non è attuare qualche correzione al margine del paradigma inerzialmente seguìto da decenni. La sfida è costruire un impianto culturale da "sinistra di popolo", quindi patriottica, laburista, keynesiana, ambientalista, consapevole nell'espressione del suo sentimento europeista e adulta nella sua militanza atlantica. Si intravedono segnali positivi. Oltre confine, si incomincia a ridimensionare la "sinistra liberista" e si riattivano le matrici "socialdemocratiche": in Spagna, in Germania, in Portogallo, in Francia, finanche negli Stati Uniti e in America Latina. In Italia, invece, il principale erede della sinistra storica, comunista, socialista, repubblicana e cattolica, rimane indefinito, privo di una riconoscibile e incisiva filiera di cultura politica socialdemocratica al proprio interno, quindi inchiodato al 20% dei votanti.

Nei memo a seguire, non affronto il piano della configurazione organizzativa ed elettorale della Sinistra. Viene dopo. La forma partito è innanzitutto «un'avventura culturale», ricordava sempre Alfredo Reichlin. Invece, nel memo #7, provo a mappare i potenziali soggetti sociali di riferimento.

Memo #2. Il lavoro prima di tutto

Il lavoro prima di tutto è il titolo del libro che ho scritto nel 2011, dopo la "Grande Recessione". Si apre con due citazioni. Riproduco la prima perché è insuperabile per efficacia comunicativa e perché rimane valida. Anzi, da allora, le condizioni delle lavoratrici e dei lavoratori sono ulteriormente regredite. La regressione era consolidata già prima dell'arrivo del Covid-19. La pandemia ha allungato le distanze tra chi ha disponibilità di capitali e chi ha soltanto da vendere al mercato la propria prestazione. La conseguenze economiche della guerra in Ucraina aggravano, come sempre le guerre hanno aggravato, le condizioni del lavoro. La citazione, di portata generale, è di Warren Buffett, il noto miliardario finanziere statunitense (novembre 2011): «C'è stata una guerra di classe negli ultimi vent'anni e la mia classe ha vinto». Aggiorno, invece, la seconda citazione. Dagli esodati di allora, passo agli operai della GKN di Campi Bisenzio, Firenze, brutalmente licenziati a luglio 2021: «Ce l'hanno comunicato via mail o via WhatsApp, come fanno le multinazionali, noi trattati come numeri, come animali». Non si sono arresi. Da allora, dopo una lunga, straordinaria e intelligente mobilitazione, capace di coinvolgere i territori, una miriade di altri segmenti sociali e le istituzioni hanno aperto una prospettiva con altri azionisti e firmato un accordo.

Le cause di fondo della sistematica e inarrestabile svalutazione del lavoro – "questione salariale" va di moda definirla ora – sono varie e complesse. Mordono *working class* e classi medie dall'avvio della liberalizzazione dei movimenti di capitali, al punto da portare la letteratura economica mainstream a identificare la "*secular stagnation*" come una sorta di maledizione divina: un evento naturale fuori dalla portata della politica. Invece, le cause sono frutto di scelte politiche.

Tra i principali fattori di arretramento del lavoro, è da includere, da un lato, la piegatura e il segno dell'innovazione tecnologica lasciata nei suoi *drivers* principali completamente al mercato, ossia agli interessi più forti; dall'altro, ancora di più, va inclusa la dimensione globale dei mercati sempre meno regolati. In particolare, per l'area geopolitica più evoluta in termini di civilizzazione del lavoro, va considerato il mercato unico europeo, aperto dal 2004 a Stati caratterizzati da livelli di welfare drammaticamente diseguali e "liberato" da ogni argine al *dumping* sociale e fiscale. In Italia, il colpo più incisivo all'universo del lavoro dipendente in termini di policy specifiche non è stato assestato dalle destre. Sulla scia di Tony Blair e Gerhard Schröder, è arrivato fuori tempo massimo a stracciare lo Statuto dei lavoratori un segretario del PD, il partito erede dei filoni delle sinistre storiche: comunista, cattolica, socialista.

Il mestiere distintivo della Sinistra è, innanzitutto e soprattutto, riaffermare la centralità del lavoro nella costruzione dell'identità della persona e nella partecipazione alla comunità, e di conseguenza rappresentare il lavoro come interesse specifico. La conversione ambientale e la transizione digitale, obiettivi prioritari dell'agenda di policy, vanno orientate dalla bussola del lavoro perché lo sviluppo umano integrale ha come base imprescindibile il lavoro. La democrazia dipende dalla quantità e dalla dignità del lavoro in ciascuna nazione: l'art. 1 della nostra Costituzione rimane irrinunciabile condizione di qualità della democrazia. È stato il faro del nostro movimento operaio, sin dalle sue origini. Un movimento confederale, ossia generale, non corporativo, guidato da personalità straordinarie: da Giuseppe Di Vittorio a Bruno Trentin; da Pierre Carniti a Emilio Gabaglio e Franco Marini; da Bruno Buozzi a Giorgio Benvenuto.

Per declinare la centralità del lavoro all'inizio del XXI secolo, è particolarmente fertile l'idea di "generatività sociale" e la sua derivata di "contribuzione" coltivata da Mauro Magatti. «Il contributore» scrive Magatti nel testo citato prima «non è il consumatore, né tanto meno il contribuente o il donatore. Piuttosto, egli incarna il desiderio di una partecipazione consapevole al mondo circostante attraverso l'attività che compie, vista come mezzo per esprimere la propria capacità di creazione di valore, al di là dell'immediata traducibilità in denaro di quest'ultimo».

Ancorare la ricostruzione della Sinistra di popolo alla centralità del lavoro è una strategia controvento. Va accompagnata con strumenti di contrasto alla povertà condizionati all'inserimento al lavoro, come il Reddito di Cittadinanza (RdC), introdotto in Italia nel 2019 sullo schema del Reddito di Inclusione del 2017. Infatti, sebbene sia soltanto temporaneo (al massimo 18 mesi) e siano state rese più stringenti le condizioni per l'accettazione di lavori anche "incongrui" con il proprio profilo professionale, il RdC è, comunque, un "salario di riserva". È un livello minimo di reddito che consente, per un anno e mezzo, di poter resistere al ricatto del lavoro povero. Per tale ragione, viene avversato dalle destre e dai liberisti di complemento, anche se ufficialmente l'ostilità è giustificata dal presunto insuccesso nell'inserimento al lavoro. L'insuccesso, a leggere i dati, non vi è stato. Primo, perché due terzi dei beneficiari sono inabili al lavoro o minori. Secondo, perché il terzo rimanente è povero anche di competenze tecniche e professionali, oltre che di reddito, e necessita di un'approfondita formazione. Terzo, perché il RdC è entrato a regime quando già l'Italia entrava in recessione, seguita poi dai lockdown e dalle restrizioni imposte dalla pandemia. Le politiche attive del lavoro sono il vero buco nero, innanzitutto per drammatica carenza di personale negli uffici per l'impiego. Ora sono oggetto di interventi del governo. L'altro aspetto da curare a fondo è quello dei "programmi utili alla collettività" affidati ai Comuni per trasformare il RdC in Lavoro di Cittadinanza.

Purtroppo, il RdC viene avversato anche da una parte della Sinistra e originariamente dal M5S in nome del "Reddito di base universale": un trasferimento monetario incondizionato e slegato dalla disponibilità e dalla partecipazione al lavoro. È una proposta fantasiosa, impraticabile in economie aperte. Infatti, non esiste in nessuno Stato del globo. Ma, oltre ad essere impraticabile sul piano economico, sarebbe una capitolazione morale, culturale e politica. Sarebbe rassegnazione, consapevole o meno, a un capitalismo autoritario e compassionevole e a una democrazia elitaria. La Sinistra deve ambire alla piena e buona occupazione, al Lavoro di Cittadinanza, innanzitutto attraverso la redistribuzione dei tempi di lavoro.

Per conquistare centralità al lavoro, la Sinistra deve re-imparare a rappresentarlo. L'insieme sociale di riferimento è il lavoro subordinato. Ma attenzione: non è un insieme omogeneo costituito soltanto dal lavoro ufficialmente "dipendente". È un insieme composito e statisticamente disomogeneo, sebbene segnato da condizioni sociali analoghe. Contiene almeno due principali sotto-insiemi: il lavoro dipendente e parte rilevante del lavoro classificato dall'ISTAT come "indipendente".

Nonostante la propaganda sulla residualità del lavoro dipendente, finalizzata a marginalizzarlo nel discorso pubblico, quindi nell'agenda politica, al fine di indebolirlo e svalutarlo ulteriormente, anche nella nostra vita economica rimane di gran lunga prevalente l'attività lavorativa completamente etero-organizzata nel suo svolgimento. Le persone che lavorano in condizioni di dipendenza continuano ad essere la stragrande maggioranza. L'ISTAT indica la persistenza di circa 18 milioni di dipendenti in Italia: oltre il 77% dei 23,4 milioni di occupati (altrove, in UE, la quota di "dipendenti" sul totale degli occupati è superiore). Il totale rimane più o meno invariato nei decenni, ma mutano, anzi regrediscono, le condizioni di impiego: sganciamento delle retribuzioni dalla dinamica della produttività e dall'andamento dei prezzi; salari ridotti dall'applicazione di Contratti collettivi di lavoro sottoscritti dalle parti datoriali con organizzazioni sindacali di comodo senza rappresentanza; precarietà dilagante; part-time involontario; eliminazione di protezione dall'arbitro in azienda (art. 18 dello Statuto dei lavoratori) e aggiramento delle garanzie per i diritti sindacali.

Insieme al lavoro ufficialmente, formalmente dipendente, vive il lavoro formalmente autonomo, ma sostanzialmente subordinato. Qui si dovrebbe intravedere una faglia di fase. I lavori di Aldo Bonomi da tempo la illuminano (a cominciare da *Il capitalismo molecolare*, Einaudi, 1997; fino a *Tessiture sociali*, con Francesco Pugliese, Egea, 2018). Può essere subordinato – anzi è sempre più vasta l'area di subordinazione – il lavoro "autonomo", professionale, micro-imprenditoriale, quando è mono-committente o comunque privo di significativo potere negoziale sull'offerta della propria attività al comparatore, al mercato. Quando la competizione nei servizi e anche nella manifattura è feroce e sostanzialmente senza argine, il lavoro autonomo perde autonomia, viene prosciugata la sua capacità di contrattare con il committente un equilibrio dignitoso in termini di corrispettivo e di condizioni di lavoro. In particolare, quando il compratore non è consumatore finale, ma un anello intermedio della produzione, il lavoratore autonomo, il professionista, il micro-imprenditore, anche il piccolo imprenditore, perde la capacità di essere *market co-maker* e diventa un *market-taker*.

Esempi? È formalmente lavoratore autonomo un "*rider*" di Just Eat o un autista di Uber. Come è formalmente lavoratore autonomo un tassista: operatore di un servizio pubblico "non di linea" organizzato dal regolamento comunale per tariffe e turni di lavoro al quale Uber fa concorrenza al ribasso. Le generazioni più giovani di giornalisti sono quasi esclusivamente "freelance", autonomi, ma lavorano totalmente sottomessi e sfruttati, a cottimo. Altrettanto formalmente autonomi sono tanti operatori televisivi, senza alcun margine di manovra organizzativa e di contrattazione dei compensi. È formalmente lavoratore autonomo un operatore del commercio ambulante soffocato dagli acquisti online e dagli ipermercati in mano alle multinazionali della distribuzione. È formalmente lavoratore autonomo il carpentiere con partita IVA utilizzato nei cantieri edili. È formalmente partita IVA anche una guida turistica legata a pochissime grandi agenzie di viaggio con la fila di guide fuori la porta, arrivate da Stati dove "il patentino" si prende con corsi ipersemplificati rispetto all'esame di Stato richiesto per il "titolo" in Italia. È formalmente professionista il collaboratore di uno studio affermato, caricato di attività qualificate ma trattato come "praticante". È formalmente professionista un archeologo, con PhD, attivato *ad horas* dalla cooperativa alla quale è legato da partita IVA. È formalmente imprenditore il titolare di una micro-azienda di cuciti, fornitore legato a grandi marche da contratti di esclusiva.

In sintesi, il lavoro subordinato, dipendente e autonomo, è un arcipelago in un mare in tempesta. Ha interessi economici distinti e diversi dal capitale economico e finanziario, dalle figure apicali a servizio di quest'ultimo, dall'"alta amministrazione" pubblica e dall'aristocrazia della cultura e dell'*entertainment*. In verità, la realtà è ancora più complessa, perché il lavoro dipendente è, a sua volta, molto articolato e segnato da interessi differenziati. I lavoratori dipendenti a tempo indeterminato e pieno di una grande azienda manifatturiera di export a elevato valore aggiunto, ben sindacalizzata, hanno condizioni di lavoro, retributive e di welfare aziendale anni luce distanti dalle donne e dagli uomini dipendenti part-time di una cooperativa di lavoro finta, vincitrice di un appalto al massimo ribasso per la pulizia delle scuole o per il call center minacciato dalla delocalizzazione, senza rappresentanza sindacale o rappresentati da sindacati di base fuori dal giro istituzionale.

Negli ultimi decenni, la Sinistra si è girata dall'altra parte. Anzi, ha giustificato il suo allontanamento dalla rappresentanza specifica e distintiva del lavoro con la teoria del "cittadino consumatore": presunta sublimazione della persona che lavora. Secondo il filone progressista allora e ancora mainstream, l'imprenditore, anzi il *management*, in quanto affidatario della gestione dell'impresa, diviene il portatore dell'unico interesse legittimo: quello degli azionisti di maggioranza. Viene raccontato come interesse generale, quindi interesse dei "suoi" lavoratori e delle "sue" lavoratrici, elevati, "grazie" alla fine delle ideologie, a "collaboratrici e collaboratori", alla pari. In tale contesto, l'innegabile e inarrestabile sperequazione dei redditi non soltanto non viene nascosta, ma si nobilita a presupposto necessario di maggiore produttività: fonte di "sgocciolamento" della ricchezza, quindi di miglioramento dei redditi dell'intera piramide sociale. La teoria economica mainstream diffonde la panzana del "*trickle-down*".

In altri termini, la specificità irriducibile della persona al lavoro e il diritto del lavoro come «diritto diseguale», secondo l'illuminante definizione del grande giuslavorista e politico socialista Gino Giugni, vanno nei sotterranei del museo del "secolo breve". L'attenzione della sinistra riformista si concentra sul mercato e sulla promozione della concorrenza come vettore di pari opportunità e dell'uguaglianza possibile. L'adesione al paradigma liberista diviene piena e convinta. La foga del neofita o l'ansia di legittimazione di parte della classe dirigente ex comunista – sia economisti che politici – è tale da lasciarsi sedurre finanche dalla teoria della "concorrenza per il mercato", così da regalare la gestione di grandi monopoli naturali ai pigri capitali italiani in cerca di facili mega-rendite: dalle autostrade agli aeroporti, ai servizi idrici. Qui, va segnalato che le "lenzuolate" di Pierluigi Bersani sono state altro. I suoi interventi da ministro dello Sviluppo Economico sul versante bancario, assicurativo, telefonico, della distribuzione dell'energia e dei farmaci, dei servizi notarili sono stati sacrosanti:

hanno aggredito asimmetrie schiaccianti, fonti di rendite inaccettabili, condizioni di estrazione di plusvalore dal lavoro anche nella dimensione del consumo, secondo un linguaggio vetero. Tuttavia, con il senno di poi, va ammesso che si sarebbe dovuta avere maggiore attenzione ai risvolti sociali nelle "liberalizzazioni" per alcune professioni, per il commercio minuto e per le attività in concessione di ambulanti e tassisti già allora colpite dalle grandi catene distributive, dal mercato unico europeo e dai cambiamenti tecnologici.

Gli effetti negativi della concorrenza sulle distanze sociali derivano dalle enormi disomogeneità nel mercato unico europeo delle istituzioni del welfare in senso lato. Ma la "grande politica" le ignorava. Così, nel 2004, improvvisamente e gioiosamente, inseriva nell'Unione Europea dieci democrazie fragili e incerte nelle garanzie dei diritti civili e sociali. In sostanza, immetteva nel mercato unico europeo, senza limiti nazionali alla mobilità di merci, servizi e persone, oltre che di capitali finanziari, un centinaio di milioni di lavoratrici e lavoratori dell'Est Europa, pagati un quarto o un quinto in confronto ai salari di questa parte del "Vecchio Continente". Un altro colpo per lavoratrici e lavoratori, dopo l'ingresso della Cina nel WTO sponsorizzato dall'amministrazione Clinton. Attenzione: l'operazione geopolitica verso Est era giusta. Ma si sarebbe potuta fare in altro modo. I dieci Stati neoarrivati erano già membri della NATO. Si sarebbe potuta continuare l'associazione all'UE e potenziare il trasferimento di "fondi europei" per migliorare i loro ordinamenti sociali, invece di immetterli nel mercato unico. Si sarebbe potuta costruire la Comunità Politica Europea, come proposto da Macron e Letta, e come proposto dal vertice dei Capi di Stato e di governo europei del 23-24 giugno 2022, per accasare l'Ucraina, la Georgia, la Moldova e gli Stati dei Balcani. Si sarebbero potute attivare forme di cooperazione sempre più stretta senza smantellare le misure protettive di lavoro e welfare o, almeno, si sarebbero potute correggere le Direttive europee più dolorose per i lavoratori e le lavoratrici degli Stati fondatori dell'Unione. Invece no, poiché, insieme all'obiettivo geopolitico generale, si perseguivano interessi nazionali e di classe specifici. La Germania, campionessa di un mercantilismo insostenibile, puntava a migliorare la propria capacità competitiva con il trasferimento negli Stati confinanti a Est delle attività manifatturiere a minor valore aggiunto.

Insomma, con l'allargamento a Est, l'Europa si ricompone, ma il costo è caricato soltanto sulle spalle del lavoro subordinato: il variegato insieme di condizioni sociali degli Stati a welfare maturo viene attaccato nel mercato unico tra diseguali dalle delocalizzazioni e dalle Direttive della Commissione Europea, come la "Bolkestein" e quella sui "*Posted workers*" (entreremo nel merito nel memo #6). Almeno ora, alla luce di quanto avvenuto, si dovrebbe avviare un cantiere per invertire rotta e introdurre misure protettive, anti-*dumping* sociale e fiscale. Invece, la risposta emotiva all'aggressione all'Ucraina è l'annuncio di ulteriore e più rapido allargamento, oltre all'adesione all'UE degli Stati balcanici: altre decine di milioni di uomini e donne da mettere in competizione, attraverso ulteriori e ancora più facili delocalizzazioni e migrazioni, con lavoratrici e lavoratori degli Stati a welfare maturo.

Nel trionfo dei liberi mercati, per una fetta sempre più larga di occupati, dipendenti e formalmente autonomi, si è dovuto persino coniare un ossimoro *ad hoc*: *working poors*, ossia 'lavoratori poveri'. In flagrante contrasto con l'esperienza storica del Novecento e con l'articolo 36 della nostra Costituzione, il lavoratore non ha più «diritto ad una retribuzione proporzionata alla quantità e qualità del suo lavoro e in ogni caso sufficiente ad assicurare a sé e alla sua famiglia un'esistenza libera e dignitosa».

Nonostante i drammatici dati di realtà, l'egemonia liberista ha nascosto la dimensione sociale della disuguaglianza dietro la dimensione di genere, di generazione e di territorio. Attenzione: anche qui, esistono, sono oggettive e inaccettabili le discriminazioni. Genere, generazione e territorio sono caratteri rilevanti della disuguaglianza, da affrontare. Ma sono caratteri secondari in relazione alla dimensione della disuguaglianza determinata dalla condizione di lavoro, sulla quale, negli ultimi quattro decenni, sono state cancellate le conquiste del "Trentennio glorioso" e sono state spianate le classi medie. Ricordate Occupy Wall Street, il movimento del 99% contro l'1%? Gli "*indignados*" in Spagna, l'ascesa improvvisa dei movimenti "populisti", le citate Brexit e vittoria di Trump negli Stati Uniti, il rigonfiamento dei partiti nazionalisti ridenominati "sovranisti", i Gilets Jaunes in Francia? E, più di recente, l'aumento delle astensioni alle elezioni? Come scritto nelle pagine iniziali, già prima della pandemia, i "populisti" e i "sovranisti" alla prova del governo hanno dovuto fare i conti con il principio di realtà, i rapporti di forza e i "vincoli esterni": una parte di essi ha perso credibilità e consenso. Poi, la paura del virus e le risposte arrivate hanno rilegittimato l'establishment in tutte le sue articolazioni funzionali, interne ed europee. Ma la sofferenza sociale, generata dalle ferite sempre più profonde inferte al lavoro, si è aggravata. Un'ondata di risposte impraticabili si è infranta sugli scogli della realtà. Ma i venti al largo soffiano ancora più forte. Le disuguaglianze di genere e generazione vanno riconnesse – dovrebbe essere il mestiere distintivo della Sinistra – alle loro radici sociali per affrontarle *ab origine*.

Invece, si procede inerzialmente. Il Piano Nazionale di Ripresa e Resilienza (PNRR) è esemplare. Nel Capitolo 1 – «Obiettivi generali e struttura del Piano» – si affronta il tema della coesione sociale e territoriale («Quarto pilastro»). Ma scompaiono gli squilibri nella distribuzione primaria della ricchezza prodotta, ossia tra capitale e lavoro, nella fase della produzione. La svalutazione del lavoro è completamente ignorata. In chiave liberale, rimangono soltanto condizioni di genere e generazione da migliorare in un gioco orizzontale, innocuo per chi sta sopra. In sintesi, anche nel PNRR, si conferma la straordinaria abilità dell'offensiva liberista, scolpita nei trattati e nei princìpi delle policy europee, di far sparire la dimensione sociale («La società non esiste» affermava, come noto, mrs Thatcher). Rimane la rivendicazione di genere in esclusiva dimensione individuale, in chiave di pari opportunità, senza nessun obiettivo di trasformazione sistemica. Completamente svanito il "pensiero della differenza". Rimane l'ingannevole contrapposizione tra figli e padri (a metà degli anni Novanta, «meno ai padri, più ai figli» era il mantra della sinistra storica arrivata al governo), quando l'aumento delle disuguaglianze intragenerazionali supera l'aumento della disuguaglianza intergenerazionale. Anche qui, vado controcorrente, ma i dati di realtà sono diversi dalla narrazione di moda. In sostanza, è vero che il reddito medio delle coorti anagrafiche più giovani è minore del reddito medio delle coorti più anziane: il "figlio medio" sta peggio del "padre medio". Ma, come il pollo di Trilussa, la media può nascondere dati di realtà molto diversi. Per semplificare: la riduzione del reddito del "figlio medio" è la sintesi di un drastico peggioramento delle condizioni dei figli degli operai, e soprattutto delle classi medie, e di una sostanziale stabilità delle condizioni dei figli dei manager (si veda *Study on inter-*

generational fairness – Final Report, curato da Michele Raitano per la Fondazione Giacomo Brodolini e lo European center for social welfare policy and research, European Commission, 2021). Quindi, il segno prevalente della diseguaglianza per i figli continua ad essere sociale, non diventa generazionale.

Le accentuazioni di genere e di generazione esistono. Quando il lavoro subordinato è maltrattato, è inevitabile che le figure economiche e sociali più deboli siano le più colpite: quindi, donne e giovani. Nel dibattito pubblico, l'idealtipo della fase fordista, il padre cinquantenne, viene tenuto artificialmente e implicitamente in vita come *benchmark* del lavoratore privilegiato, anzi consapevole dello sfruttamento di giovani e donne. In realtà, il *benchmark* è sempre più impoverito in termini di retribuzione, diritti e welfare. Può essere obiettivo soddisfacente arrivare a innalzare la retribuzione di una lavoratrice al livello svalutato al quale è caduta quella di un lavoratore? Può essere obiettivo soddisfacente portare le condizioni di lavoro di un figlio alle condizioni di sfruttamento alle quali è stato piegato il padre? Puntare all'allineamento verso il basso, senza cercare il riscatto del lavoro, è la fine della sinistra.

È evidente che, dentro un paradigma articolato su genere e generazione, quindi senza dimensione sociale, la sinistra non c'è e non ha senso che vi sia. Il punto non è astratto. La dimensione sociale, rimossa sul piano analitico del PNRR, è inevitabilmente assente sul piano delle policy in esso contenute. Di conseguenza, è assente l'obiettivo della piena e buona occupazione: è inteso, anzi sottinteso, come repertorio del Novecento (più avanti, illustreremo la dominanza assoluta nei Trattati europei della variabile "inflazione" sulla variabile "occupazione"). Se la dimensione sociale della disuguaglianza fosse stata presa in considerazione, avrebbe potuto portare ad alcuni interventi utili ad affrontarla. Invece, neanche un accenno, nell'ambizioso PNRR, in particolare nell'impegnativo capitolo della transizione digitale, dotato di decine di miliardi di euro, a programmi di riduzione e redistribuzione dei tempi di lavoro. Dovrebbero essere i *drivers* delle politiche industriali e sociali. Tuttavia, non soltanto non trovano spazio nelle linee previste dalla Commissione Europea né nei documenti nazionali approvati, ma non hanno avuto alcuna attenzione neppure nella discussione.

Si sarebbero potute percorrere altre strade. Ad esempio, una parte delle risorse di React-EU, il programma per il sostegno al lavoro ricompreso nel pacchetto Next Generation EU, avrebbe potuto finanziare interventi di riduzione del tempo di lavoro a parità di retribuzione al fine di aumentare l'occupazione. Oppure, qualche risorsa avrebbe potuto finanziare misure di sostegno economico alle imprese per accompagnare l'estensione *erga omnes* del Contratto Collettivo Nazionale di Lavoro sottoscritto, nel settore di riferimento, dalle organizzazioni sindacali più rappresentative (insieme a una legge per misurare la rappresentanza). Infine, a fianco al *gender procurement*, ossia l'attribuzione, nei bandi per gli appalti, di punti aggiuntivi ai fornitori in relazione al rispetto nelle loro aziende delle pari opportunità di genere, si sarebbe potuto includere il *job procurement*, quindi il "premio" alle offerte provenienti da aziende che applicano i contratti collettivi nazionali di lavoro firmati dalle organizzazioni sindacali più rappresentative, minimizzano il ricorso al lavoro precario, aprono la *governance* alle rappresentanze dei lavoratori. Si sarebbe potuto mettere il lavoro al centro del PNRR. Ma in Parlamento è sostanzialmente assente la cultura politica necessaria a raggiungere l'obiettivo. Nei primi mesi del 2022, vi è stato un atto in controtendenza da segnalare: il ministro del Lavoro Andrea Orlando, su richiesta delle organizzazioni sindacali, ha introdotto in un Decreto Legge una norma in base alla quale gli ecobonus finanziati da risorse pubbliche per decine di miliardi di euro «possono essere riconosciuti solo se nell'atto di affidamento dei lavori è indicato che i lavori edili sono eseguiti da datori di lavoro che applicano i contratti collettivi del settore edile, nazionale e territoriali, stipulati dalle associazioni datoriali e sindacali comparativamente più rappresentative sul piano nazionale» (articolo 28-*quater*, comma 1, legge 28 marzo 2022, n. 25).

Il riconoscimento della differenza di interessi in campo economico e sociale e dell'asimmetria della forza contrattuale tra chi domanda lavoro e chi cerca lavoro è la prima tappa da conquistare per re-imparare il mestiere della Sinistra. Perché il lavoro è merce, ma dovrebbe essere una merce speciale, non come le altre. È una lezione difficile da assimilare sul versante politico, perché conduce a riscoprire la necessità o almeno l'utilità potenziale del conflitto. Il conflitto non per fare la rivoluzione, ma per far rispettare la persona che lavora, per fargli recuperare dignità, per arrivare a un compromesso: indicatore imprescindibile di una democrazia funzionante e programma fondamentale della nostra Costituzione. Ma il conflitto è diventato tabù per la sinistra di governo. Nel circuito istituzionale, soltanto Fabrizio Barca ne ripropone la funzione politica e sociale. Riabilitare il conflitto implica il disvelamento della irriducibile differenza tra gli interessi in gioco e allontana dai workshop esclusivi. Allora, va considerato roba da Novecento, in coerenza con la narrativa liberista. Ma senza conflitto sociale non si muove nulla. La disuguaglianza si acuisce. La rabbia monta.

Memo #3. Il libero mercato svaluta il lavoro e acuisce le diseguaglianze

Il memo #2 dovrebbe aver chiarito due questioni di fondo. Prima: chi vende la propria attività lavorativa in condizioni di subordinazione e solitudine ha, da un lato, interessi opposti a quelli di chi la compra e, dall'altro, dispone di un potere negoziale azzerato o quasi rispetto alla controparte. Seconda: le condizioni lavorative sono la variabile primaria per spiegare l'andamento della disuguaglianza e la mobilità sociale.

Il precedente memo dovrebbe anche aver chiarito che, in conseguenza dei due assunti appena sintetizzati, il mestiere distintivo della Sinistra è ridurre la disuguaglianza, innanzitutto attraverso l'innalzamento del potere negoziale di chi lavora in condizioni di subordinazione. A tal fine, l'interesse di chi vende la propria prestazione lavorativa e quello di chi la compra sono divergenti, e vanno compromessi in una sintesi avanzata che, per essere tale, deve fondarsi sul riconoscimento e sul rispetto della dignità di ciascuna parte.

Quindi, si arriva al quesito: come? Le leve da azionare sono molteplici: dalla formazione dei lavoratori e delle lavoratrici alla sindacalizzazione; dalla normativa giuslavorista diseguale per puntellare i diritti fondamentali delle persone all'ingresso delle loro rappresentanze nella *governance* delle poche grandi aziende in giro; da adeguati ammortizzatori sociali al welfare universalistico. Sono interventi, quasi tutti, presenti nell'agenda delle organizzazioni sindacali e in una parte, seppur di minoranza, della Sinistra. Invece, è totalmente assente dall'analisi, prima ancora che dall'agenda, la misura di gran lunga più rilevante per frenare e invertire la svalutazione del lavoro e la divaricazione delle condizioni sociali: l'orientamento a fini sociali delle sacre libertà di movimento di capitali, merci, servizi e persone, come previsto dall'art. 41 della nostra Costituzione.

L'assenza è dovuta a tre cause principali. La prima è l'inconsapevolezza della potenza economica del "libero mercato" tra sistemi di welfare diseguali nell'amplificazione delle disuguaglianze nella distribuzione primaria del reddito. Nel retorico rosario di policy della Sinistra politica e sindacale, l'Italia è implicitamente considerata una grande economia chiusa. Invece, anche una delle prime dieci potenze economiche mondiali, la seconda manifattura europea, è una piccola economia aperta. Un tempo, almeno tra gli economisti, prima della controriforma liberista, l'effetto sociale e politico regressivo del libero mercato tra forze impari era un fatto scontato. Non era necessario aver letto *Il Capitale* di Karl Marx. Era sufficiente lo studio di John Maynard Keynes, come ricorda Andrea Boitani in *L'illusione liberista. Critica dell'ideologia di mercato* (Laterza, 2021). Tuttavia, da almeno trent'anni, non soltanto il rivoluzionario comunista tedesco è sparito dalle facoltà di Economia. È totalmente rimosso anche il Lord liberale di Bloomsbury, Londra. Come dimenticati sono Gunnar Myrdal, premio Nobel per l'Economia nel 1974, e la sua «causazione circolare cumulativa». Come sono dimenticati grandi economisti italiani: Pietro Sraffa, Luigi Pasinetti, Claudio Napoleoni, Augusto Graziani, Paolo Sylos Labini, Federico Caffè, Marcello De Cecco sul quale mi soffermo più avanti, e tanti altri di prima qualità, ma eterodossi. Come è dimenticato don Lorenzo Milani e l'inganno liberale delle «parti uguali tra disuguali». Inoltre, a sinistra, si sottovaluta che il libero mercato, in particolare tra Stati caratterizzati da ordinamenti sociali drammaticamente disallineati, ridimensiona – almeno nei cosiddetti settori "*tradable*" (ossia, esposti alle importazioni e alle delocalizzazioni) – la principale, anzi imprescindibile, arma negoziale di lavoratrici e lavoratori: lo sciopero. Senza poter ricorrere allo sciopero, il lavoro ritorna variabile economica completamente dipendente: merce come le altre. Ed è davvero commovente, prima di diventare irritante, ascoltare leader della sinistra, ahimè anche sindacale, fare accorati appelli alla "responsabilità sociale dell'impresa" di fronte a legittime e razionali decisioni degli azionisti, annunciate da manager e da *advisors* legali superpagati e superpremiati, di delocalizzare la produzione dentro l'Unione Europea, dove il lavoro costa un quinto o un quarto rispetto a quanto dovrebbe essere pagato in Italia e negli altri Stati a welfare maturo. Consiglio agli scandalizzati ministri, parlamentari, presidenti di Regione e sindaci, di volta in volta scossi dalle delocalizzazioni, di leggere il breve saggio di Milton Friedman, di straordinario spessore intellettuale, dedicato al tema (recentemente riproposto nel libro di Franco Debenedetti: *Fare profitti. Etica dell'impresa*, Marsilio Editori, 2021): «In una società libera, [...] c'è una e soltanto una responsabilità sociale dell'impresa: usare le sue risorse e impegnarsi nelle attività finalizzate ad aumentare i suoi profitti, nel rispetto delle regole del gioco, ossia stare nella competizione aperta e libera senza comportamenti fraudolenti» (Milton Friedman, *The Social Responsibility Of Business Is to Increase Its Profits*, «The New York Times», 13 settembre 1970).

La seconda causa della "disattenzione" agli effetti delle quattro sacre libertà è la convinzione dell'assenza di alternative (il mantra volgarizzato di Francis Fukuyama è stato interiorizzato) e della possibilità, anzi della certezza, di poter arrivare primi nella gara per trattenere e attrarre capitali: abbiamo i migliori operai e i migliori imprenditori; se togliete lacci e lacciuoli, introducete qualche credito di imposta, Zone Economiche Speciali (ZES) nel Mezzogiorno ancora meglio, vinciamo contro chiunque. Ora, senza dubbio, abbiamo lavoratori e lavoratrici disciplinati, creativi e produttivi, e abbiamo imprenditori geniali. Senza dubbio abbiamo pesanti inefficienze amministrative e un "cuneo" fiscale enorme. Senza dubbio, dobbiamo innalzare la nostra specializzazione produttiva. Ma i nostri concorrenti non rimangono dove sono: il meccanismo concorrenziale senza filtri economici e sociali tra welfare nazionali disomogenei scatena la *race to the bottom* sul versante del lavoro. Anche qui, è commovente, prima di diventare irritante, la celebrazione del "salario minimo europeo", come se fosse un argine impegnativo alla svalutazione del lavoro. La misura, oggetto di una recente direttiva europea, è positiva sul versante interno e da attuare al più presto, ma sostanzialmente irrilevante ai fini di arginare le delocalizzazioni e il *dumping* sociale e fiscale, in un mercato unico dove il minimo della Bulgaria è 332 euro al mese, mentre il valore corrispondente per il Lussemburgo è 2.256 euro. Non potrebbe essere altrimenti, dato che il minimo retributivo è ancorato al salario mediano registrato in ciascuno Stato membro e che lavoratrici e lavoratori occupati nelle imprese delocalizzate ricevono retribuzioni più elevate della mediana salariale risultante nello Stato nel quale l'impresa si trasferisce.

La terza causa della rimozione, a sinistra, delle conseguenze dei liberi movimenti di capitali, merci, servizi e persone – la causa più rilevante – è il terrore per la condanna immediata e inappellabile di sovranismo alla sola evocazione di qualsivoglia intervento protettivo verso il lavoro. Qui, l'intolleranza culturale dell'arco progressista è diventata davvero preoccupante. Domina a tutte le latitudini il politicamente corretto. L'indisponibilità a discutere e riconoscere la fondatezza delle ragioni "fuori linea" l'hanno denunciata, nel luglio del 2020, in una lettera collettiva a «Harper's Magazine», 153 intellettuali progressisti, tra i quali Noam Chomsky, Joanne K. Rowling, Mark Lilla:

> Il libero scambio di informazioni e idee, la linfa vitale delle società liberali, diventa sempre più difficile. Mentre ce lo aspettavamo dalla destra radicale, la censura si diffonde nella nostra cultura: un'intolleranza per le visioni opposte, la moda della condanna pubblica e dell'ostracismo e la tendenza a risolvere complesse questioni di policy attraverso certezze morali. Noi vogliamo preservare il valore dei discorsi "fuori linea" da qualunque parte arrivino. Ma ora, è sempre più frequente ascoltare appelli per rapide e severe reprimende in risposta a presunte trasgressioni di parola e pensiero.

Insomma, l'effetto sulle condizioni del lavoro del mercantilismo assoluto scolpito nei Trattati europei è ignorato o subìto con rassegnazione. Comunque, è disdicevole per un buon europeista riconoscerlo e, soprattutto, metterlo in discussione. Abbonda la retorica della lotta alle disuguaglianze, zoomata e anestetizzata su giovani e donne per aggirarne la radice sociale. Da ultimo, dopo la botta di inflazione conseguente alla pandemia e aggravata dalla guerra in Ucraina, si denunciano la "questione salariale" e il "lavoro povero". Continua ad essere, però, completamente rimossa la primaria causa delle distanze sempre più ampie tra le persone e le classi sociali: la svalutazione del lavoro determinata dai mercati senza filtri protettivi. Ms TINA (*There Is No Alternative*) è viva e vegeta, nonostante la Brexit l'abbia messa fuori dalla porta di casa sua. L'unica alternativa possibile, secondo il paradigma mainstream, conduce anche in modo preterintenzionale all'autarchia, sul versante economico, e al nazionalismo, sul versante politico. E poi, i globalisti ribattono ai detrattori del mercantilismo forza di progresso: siamo uno Stato con la bilancia commerciale in attivo; quindi viva il mercato unico europeo, allargato all'Ucraina e ai Balcani ancora meglio; viva il Transatlantic Trade and Investment Partnership (TTIP); viva il Comprehensive Economic and Trade Agreement (CETA); viva l'EU-Mercosur Association Agreement. Va bene così; anzi sarebbe autolesionistico prospettare argini alla svalutazione del lavoro perché, come da manuale liberista, il *trickle-down* beneficia tutti. Si rimuove un dato di amara realtà: si può essere uno Stato in attivo commerciale crescente in rapporto a un PIL anemico. In altri termini, pochi settori di export in un contesto sconfitto dalla competizione al ribasso imposta dall'import senza protezioni sociali e ambientali.

In sintesi, la deriva delle classi medie occidentali e la incessante svalutazione del lavoro sono la risultante del sistematico smantellamento dei limiti ai movimenti dei quattro fattori produttivi, avviato, come segnalato nel precedente memo, dalla premier Margaret Thatcher e dal presidente Ronald Reagan all'inizio degli anni Ottanta e seguìto dall'Atto Unico europeo nel 1986. Riceve poca attenzione, ma l'art. 13 dell'Atto introduce l'articolo aggiuntivo 8A al Trattato di Roma. L'integrazione è la seguente: «Il mercato interno comporta uno spazio senza frontiere interne, nel quale è assicurata la libera circolazione delle merci, delle persone, dei servizi e dei capitali secondo le disposizioni del presente trattato». In relazione ai movimenti di capitali, l'articolo del Trattato di Roma dove era prevista la decisione all'unanimità (art. 70, comma 1, ultimo periodo) viene così emendato dall'art. 16, comma 4: «A tal riguardo, il Consiglio stabilisce a maggioranza qualificata delle direttive, procurando di raggiungere il più alto grado possibile di liberalizzazione. L'unanimità è necessaria per le misure che costituiscono un regresso in materia di liberalizzazione dei movimenti di capitali». Per slegare i capitali è sufficiente la decisione a maggioranza. Per mettere qualche argine protettivo serve, invece, l'unanimità.

All'Atto Unico è seguita una serie di direttive fondate sul "principio dello Stato di origine", in un contesto segnato da paradisi fiscali intra-UE. I movimenti dei fattori produttivi si potevano ancora reggere in un quadro di ordinamenti giuridici sostanzialmente omogenei. La deriva verso lo status di paradisi fiscali o giuridici di Irlanda, Lussemburgo e Olanda e l'allargamento dell'Unione agli Stati dell'Est hanno composto la miscela corrosiva dei welfare strutturati dopo la Seconda Guerra Mondiale e hanno contribuito a impoverire le classi medie. L'impatto dell'allargamento sui territori all'interno degli Stati a reddito pro capite più elevato è stato fortemente differenziato. Il nostro Mezzogiorno si è trovato a competere con contesti altrettanto poveri di infrastrutture, ma in grado di offrire condizioni del lavoro, salari e fisco minimali. L'inseguimento attraverso le ZES e il taglio degli oneri previdenziali ha il fiato corto. Gli interventi da fare vanno concentrati sulle infrastrutture materiali e immateriali, a cominciare dalle pubbliche amministrazioni (scuola e giustizia, *in primis*), come non si stancano di documentare lo SVIMEZ – l'Istituto per lo Sviluppo del Mezzogiorno – e Gianfranco Viesti (da ultimo in *Centri e Periferie. Europa, Italia, Mezzogiorno dal XX al XXI Secolo*, Laterza, 2021). Ma, prima di tutto, vanno orientati da una visione del Mezzogiorno: «Il Sud non è un non-ancora, non esiste solo nella prospettiva di diventare altro, di fuggire inorridito da sé per imitare il Nord 20 o 100 anni dopo, e quindi probabilmente mai. [...] Ogni idea del futuro del Sud, del suo sviluppo, va coniugata con la specificità della sua posizione geografica e della sua cultura» scrive Franco Cassano ne *Il pensiero meridiano* (Laterza, 1996).

La regolazione dei movimenti di capitali, servizi, merci e persone è decisiva anche a far avanzare la transizione ecologica: il protezionismo, oltre che solidale, deve anche essere ambientale. Qui, le generazioni più giovani sono dato di primaria rilevanza politica. È un errore trattare "Greta and friends" come pargoli naïf di buona famiglia, illusi e inconsapevoli di politica, indifferenti alle conseguenze sociali e occupazionali dei vincoli ambientali. Sono un movimento acerbo e variegato: esprimono un sentimento profondo e una visione; condizioni essenziali per la mobilitazione politica. Sul terreno sociale, come evidenziato nel memo precedente, i giovani non sono "classe". Invece, sul versante del conflitto ambientale, proprio per il dato anagrafico, sono "classe in sé": condividono un connotato identitario e potenzialmente aggregante. Da "classe in sé" potrebbero diventare "classe per sé" e azionare leve di cambiamento sistemico progressivo. Nella dimensione del lavoro sono distanti. Le fasce meno qualificate, figlie di padri e madri ancor meno istruite, sono prigioniere di vite precarie, intermittenti, ricattate. Sono spesso inconsapevoli dei loro diritti o rassegnati all'impossibilità di conquistarli. Per gran parte di loro, il lavoro non è fondativo né dell'identità della persona, né della comunità: è soltanto strumentale al reddito. Sono cresciuti in un universo mediatico dove l'identità si costruisce e si afferma sul versante della socialità extralavorativa e sulla giostra dei consumi. Ma per loro, la sopravvivenza è a rischio e possono fare fronte comune. Vanno sostenuti. Innanzitutto, per arrivare a disvelare la genesi politica di quel mercato vissuto come naturale. Vanno sottratti, nelle loro avanguardie, all'egemonia liberista mascherata da alternativa sistemica radicale: compito complicato dalla perdurante influenza, nei movimenti a sinistra, del filone sessantottino libertario e autonomo-operaista, eredità, certo parziale, di quella straordinaria stagione di progresso; tuttavia eredità sinergica al paradigma mercatista, come ben argomentato da Carlo Formenti (*Il socialismo* è *morto. Viva il socialismo*, Meltemi, 2019). Vanno formati ai princìpi della nostra Costituzione. Va chiarito anche a loro che le quattro libertà di movimento sono irrinunciabili ma, come tutte le libertà individuali esercitate in una comunità, devono essere orientate a fini sociali e condizionate, quindi regolate, per non recare danno alla sicurezza, alla libertà, alla dignità umana. Ai padri e alle madri costituenti, non era presente la contraddizione ambientale, ma il primato della persona sull'economia si estende, per intima connessione logica, alla natura.

Per approssimare gli ambiziosi obiettivi di sostenibilità ambientale decisi dall'Unione Europea, sono necessarie e urgenti misure protettive. Prima, però, vanno respinti i tentativi di tornare alle energie fossili per sganciarsi al più presto dalla dipendenza energetica da Mosca: per raggiungere l'obiettivo, si deve, al contrario, accelerare sulle energie rinnovabili. Nella strategia protezionistica, l'accennato intervento sulle importazioni d'acciaio in discussione a Bruxelles è soltanto l'esempio più evidente. È ora di un cambio di paradigma. Ma de-carbonizzare costa, e costa anche l'agricoltura biologica o senza eccessi di trattamenti nocivi. Torna in primo piano l'impianto keynesiano del "controllo" degli scambi commerciali e finanziari. Non vi sono alternative per la sopravvivenza climatica, economica e sociale. Non vi sono autorità con poteri globali in grado di imporre soluzioni nazionali. Oltre a fare affidamento all'*enlightened self interest* e alla pressione dell'opinione pubblica in ciascuno Stato (difficilmente elevata dove è debole la democrazia), si devono azionare meccanismi efficaci. Il controllo ambientale all'import di carbone è soltanto l'inizio. Va rivista l'intera normativa degli accordi commerciali aperti a produzioni distruttive dell'ambiente naturale negli Stati d'origine (deforestazione per allevamenti e coltivazioni estensive), contenenti componenti chimiche nocive per l'uomo e la natura anche negli Stati di destinazione.

In discussione, in sostanza, è il paradigma consumerista. Il paradigma, prima neoclassico, poi neoliberista, della sovranità del consumatore rivela tutta la sua fallacia e insostenibilità: la sovranità deve essere della persona – che è innanzitutto «contributore», nel lessico di Magatti –, quindi lavoratore, poi consumatore. Non c'è soltanto un impianto economico da archiviare: è una visione antropologica da affermare. Qui, la sponda delle religioni è di grande rilevanza. Non ho le competenze per richiamare analiticamente le principali dottrine, ma è evidente come la dimensione del sacro, della spiritualità propria di ogni religione, implica la difesa e il primato della persona e del Creato. La dottrina sociale della Chiesa cattolica contiene princìpi fondamentali. Il più efficace manifesto ecologista della nostra storia recente è la *Laudato si'* di Papa Francesco. È una sua interpretazione originale, ma l'impianto è alla base del messaggio cristiano. L'alleanza tra forze ambientaliste e laburiste laiche e movimenti cristiani sarebbe una leva potente di cambiamento. Non può essere, però, tattica o "*single issue*", superficiale e strumentale. Non funziona.

La Sinistra, il centrosinistra, deve superare le sue contraddizioni ideologiche: non si può invocare la cultura del limite per l'attività economica sul piano sociale e ambientale e seguire l'ultra-umanesimo sul terreno della identità sessuale; non si può essere socialisti sul lavoro e liberisti, anzi ultramercatisti, assertori dell'«individualismo proprietario» sul versante dei diritti civili, secondo l'illuminante definizione di Pietro Barcellona. Il principio imprescindibile di autodeterminazione della persona, della donna in particolare, deve fare i conti con la mercificazione della riproduzione della vita. Nel 2016, dopo aver espresso su «Avvenire» una posizione nettamente critica sulla maternità surrogata, rispondevo su «il manifesto» del 5 marzo 2016 alle critiche di Bia Sarasini, figura di riferimento di una parte importante del mondo femminista:

Cara Bia, [...] discutiamo di una questione relativa tanto all'universo etero, quanto all'universo omosessuale. Anzi, i dati indicano, relativa soprattutto al primo. Ricordiamolo per non cadere nella trappola tesa dai nostri avversari davanti alla *stepchild adoption*. Mi attribuisci una contrapposizione novecentesca "tra lavoro e mondo dei diritti individuali". Dove l'hai letta? Sostengo esattamente l'opposto: "per ogni uomo e donna i diritti sono un *continuum*. I diritti civili vanno insieme ai diritti economici, sociali e politici". Dov'è la contrapposizione o la gerarchia? È l'unicità dei diritti che mi porta a sostenere che: "non si può essere favorevoli al neo-umanesimo sul terreno del lavoro, del welfare, dell'ecologia e poi accettare il paradigma dell'individualismo liberista sul terremo dei diritti civili". [...] Nell'intervista [...] mi concentro su chi "compra". Parto da me, maschio, occidentale, acculturato, benestante, di sinistra, potenziale compratore. Provo a discutere su un piano etico. Tu riconduci il mio discorso a un approccio proibizionista. Allora, ti chiedo: ogni regolazione pubblica delle relazioni tra persone o tra la persona e la natura di cui siamo parte è proibizionismo? È riduttivo per intensità etica, ma prendiamo il rapporto persona-lavoro. È proibizionismo una norma che nel mercato del lavoro vieta di impiegare il corpo di un uomo o di una donna oltre un certo orario giornaliero? Ti chiedo: nella logica della autodeterminazione, lasciamo a ogni persona la disponibilità del proprio corpo nella relazione produttiva con l'altro o l'altra? Anche per te, sono sicuro, la risposta è no. Perché nelle relazioni tra due persone nel mercato del lavoro vi è un'ampia differenza di potere. Perché i rapporti di forza sono strutturalmente asimmetrici tra chi vende e chi compra forza lavoro. Certo, vi può essere chi lavora nella logica del dono. Ma allora siamo fuori dalla realtà di mercato. La tecnologia ha spalancato le porte al potere economico nella dimensione della riproduzione in un quadro economico e sociale segnato da enormi disuguaglianze e diffuse povertà, dove i rapporti di forza tra le persone sono drammaticamente squilibrati. Consapevole della mia parzialità, senza verità assolute da somministrare, guardo anche io, con i miei occhi, alla realtà: alla donna, alla vita che nasce, al legame di maternità in divenire nella gestazione. Rifletto come potenziale acquirente, a partire dalla mia condizione di forza in quel mercato così innaturale della vita. Possiamo affidarci esclusivamente al principio di autodeterminazione? Dobbiamo regolare l'attività riproduttiva come un'ordinaria attività produttiva? Il nodo è intricato. Ma la mia risposta, qui e ora, è no. Noi, la sinistra, possiamo avere senso storico e politico fuori da un umanesimo integrale? Possiamo accettare che non vi siano limiti invalicabili all'individualismo proprietario nel mercato della riproduzione?

Anche qui, torniamo ai fondamentali della cultura politica della Sinistra, alle originali radici umaniste del comunismo italiano: «... Il dottor Voronoff ha già annunziato la possibilità dell'innesto delle ovaie. Una nuova strada commerciale aperta all'attività esploratrice dell'iniziativa individuale. Le povere fanciulle potranno farsi facilmente una dote. A che serve loro l'organo della maternità? Lo cederanno alla ricca signora infeconda che desidera prole per l'eredità dei sudati risparmi maritali. Le povere fanciulle guadagneranno quattrini e si libereranno di un pericolo. Vendono già ora le bionde capigliature per le teste calve delle *cocottes* che prendono marito e vogliono entrare nella buona società. Venderanno la possibilità di diventar madri: daranno fecondità alle vecchie gualcite, alle guaste signore che troppo si sono divertite e vogliono ricuperare il numero perduto. I figli nati dopo un innesto? Strani mostri biologici, creature di una nuova razza, merce anch'essi, prodotto genuino dell'azienda dei surrogati umani, necessari per tramandare la stirpe dei pizzicagnoli arricchiti. La vecchia nobiltà aveva indubbiamente maggior buon gusto della classe dirigente che le è successa al potere. Il quattrino deturpa, abbrutisce tutto ciò che cade sotto la sua legge implacabilmente feroce. La vita, tutta la vita, non solo l'attività meccanica degli arti, ma la stessa sorgente fisiologica dell'attività, si distacca dall'anima, e diventa merce da baratto; è il destino di Mida, dalle mani fatate, simbolo del capitalismo moderno» (Antonio Gramsci, *Merce*, in *Sotto la Mole*, «Avanti!», 6 giugno 1918).

La contraddizione tra paradigmi culturali praticati dalla Sinistra è stata altrettanto dirompente sul cosiddetto disegno di legge Zan, costruito sull'interpretazione "gender" dell'identità sessuale. Il DDL, nella versione approvata dalla Camera a novembre 2020, contiene, oltre alle sacrosante misure di rafforzamento delle norme contro le discriminazioni verso le persone LGBTQI+, anche una nascosta visione antropologica: l'"identità di genere". Che vuol dire "identità di genere"? Secondo il testo del DDL: «Si intende l'identificazione percepita e manifestata di sé in relazione al genere, anche se non corrispondente al sesso, indipendentemente dall'aver concluso un percorso di transizione». È un concetto complesso, distillato della teoria gender, legittima e dibattuta nella letteratura filosofica, ma profondamente divisiva, finanche nelle comunità omosessuali e transessuali, iperminoritaria. Francesca Izzo, una femminista storica, ex parlamentare del PD, lo descrive cosi su «Avvenire»:

> Innanzitutto tale dicitura non serve affatto a definire meglio i crimini che questa legge vuole perseguire e combattere. Basterebbe "identità transessuale" e tutto il quadro delle discriminazioni e violenze che colpiscono le persone trans verrebbe completamente coperto. L'espressione "identità di genere" introduce e legittima nel nostro ordinamento costituzionale e legislativo un profilo non previsto, ovvero l'identità sessuale sulla base dell'autopercezione e della sola manifestazione della volontà soggettiva. L'identità transessuale e l'identità di genere sono due formulazioni che significano cose diverse. La prima indica la condizione, a volte dolorosa e drammatica, delle persone trans; la seconda veicola una visione o un progetto politico-culturale: quello di negare il fatto che l'umanità sia composta di due sessi affermando invece che l'identità si fonda solo sul "genere" (meglio, sui generi tanti e vari): un puro costrutto storico-sociale.

Riflessioni analoghe sono state espresse da tante altre donne della Sinistra: dalle filosofe e giornaliste Ida Dominijanni e Marina Terragni alla presidente di Arcilesbica Cristina Gramolini. Da sottolineare che l'intero universo non soltanto della gerarchia cattolica, ma dei movimenti cattolici, si è pronunciato radicalmente contro. Anche i movimenti progressisti – "cattocomunisti" avremmo detto un tempo – fedeli discepoli dello straordinario magistero di Papa Francesco, da noi quotidianamente richiamati per le nostre iniziative e mobilitazioni per la giustizia sociale, la transizione ecologica, l'accoglienza dei migranti. Come si può essere interlocutori credibili?

È evidente il cortocircuito ideologico. La cura del Creato, dell'ambiente, non può che muovere dalla cura della persona. L'umanesimo integrale è condizione di credibilità della conversione ambientale. Si può dare priorità al Creato, alla natura, senza dare priorità all'espressione più alta di esso, ossia alla persona? La ricerca di sintonia antropologica tra dottrina della Chiesa e visione della Sinistra non implica la rinuncia ai punti distintivi di ciascuna. Su due questioni cardinali, l'interruzione di gravidanza e l'eutanasia, permangono irriducibili differenze. Il riconoscimento delle ragioni reciproche ha portato o deve portare a condizionare, non a negare, l'esercizio del principio di autodeterminazione della persona, al rispetto della vita altrui (interruzione di gravidanza) o propria (eutanasia). Il fine condiviso è la difesa della dignità della persona, nella quale rientra anche il principio di autodeterminazione. Maternità surrogata e teoria gender sono, invece, derive individualiste e da disconoscimento dell'etica del limite. Aprono un fossato insuperabile tra Sinistra e Chiesa.

Il protezionismo sociale e ambientale diventa molto più difficile da motivare, anche nelle relazioni con i movimenti cattolici progressisti, quando a muoversi non sono capitali, merci o servizi, ma le persone. La stessa dottrina sociale della Chiesa fatica. Nell'enciclica *Fratelli tutti*, Papa Francesco, al paragrafo 38, scrive che «va riaffermato il diritto a non emigrare, cioè a essere in condizione di rimanere nella propria terra». Il citato paragrafo della *Fratelli tutti* corrisponde al terzo comma dell'art. 10 della nostra Costituzione, dove è specificato che non lo straniero in quanto tale o il migrante, ma soltanto «lo straniero, al quale sia impedito nel suo Paese l'effettivo esercizio delle libertà democratiche garantite dalla Costituzione italiana, ha diritto d'asilo nel territorio della Repubblica secondo le condizioni stabilite dalla legge». Coerentemente, all'art. 35, nel Titolo III, dedicato ai «Rapporti economici», la Costituzione italiana non afferma il diritto a emigrare, ma «riconosce la libertà di emigrazione...». L'impianto della Carta Universale dei Diritti dell'Uomo non può che seguire il medesimo schema teorico e giuridico, data l'assenza di una democraticamente legittimata autorità globale di *enforcement* dei diritti. Così, nella preziosa Dichiarazione del 1948, all'art. 13, comma 2, si legge: «Ogni individuo ha diritto di lasciare qualsiasi Paese, incluso il proprio, e di ritornare nel proprio Paese»; e all'articolo successivo, comma 1, si afferma che: «Ogni individuo ha il diritto di cercare e di godere in altri Paesi asilo dalle persecuzioni». In sintesi, il diritto a emigrare esiste come diritto, quindi rispecchiato dall'obbligo di ciascuno Stato nazionale di garantirlo, soltanto quando la persona è perseguitata nel proprio Stato o quando non le è garantito l'esercizio delle libertà democratiche. In assenza di persecuzioni o negazioni di diritti fondamentali, non è riconosciuto il diritto a emigrare, ma soltanto la «libertà di emigrazione», come scritto nell'art. 35 della nostra Costituzione.

L'equilibrio individuato dalle Carte richiamate dovrebbe essere la bussola delle nostre politiche. L'emigrazione non può essere la soluzione strutturale alle ingiustizie sociali e ambientali vissute da chi deve lasciare la propria terra per sopravvivere o per realizzare i suoi obiettivi di vita. Non può esserlo perché è profondamente ingiusto per chi è costretto a emigrare. E non può esserlo perché il fondamentale principio di solidarietà deve fare i conti con il principio di realtà, ossia con i limiti della capacità di integrazione. Limiti che hanno anche una dimensione culturale. La xenofobia può colpire chi, per condizione sociale, non ha avuto la fortuna di essere cosmopolita e non ha solidità lavorativa. Va curata con percorsi di promozione dell'integrazione rivolti anche ai residenti, non soltanto ai migranti accolti. Inoltre, si deve anche poter riconoscere, senza ricevere accuse di razzismo, il contributo al *dumping* salariale per le fasce di lavoro meno qualificato dato dai flussi migratori non governati. Il *dumping* sociale connesso ai movimenti "fuori programma" di persone vale per tutti gli arrivi. Anzi, in termini di svalutazione del lavoro hanno avuto maggiori conseguenze i migranti regolari dall'Est Europa, spesso a scolarizzazione elevata, rispetto ai migranti dall'Africa o dall'Asia. Un effetto funzionale alla linea mercantilista dominante nell'Unione Europea e nell'Eurozona. Certo, siamo in un inverno demografico. Ma le prospettive demografiche di lungo periodo danno ben poco conforto a chi, oggi e domani, deve sopravvivere di lavoro povero e precario in competizione per un welfare sempre più in sofferenza: nell'edilizia residenziale pubblica a canone sociale, negli asili nido e nelle scuole, nel Servizio Sanitario Nazionale. Il testo scritto da Aldo Barba e Massimo Pivetti (*Il lavoro importato. Immigrati, salari e Stato sociale*, Molteni Editore, 2019), economisti di impostazione marxista, dovrebbe far riflettere e portare a qualche dubbio a chi rimuove il problema.

Ovviamente, l'insussistenza della posizione "*no border*" e l'inevitabile riconoscimento dell'inesistenza del diritto a emigrare non sollevano dalla responsabilità individuale e politica di salvare le vite in mare o nei boschi al gelo. Neppure devono portare ad arretrare di un centimetro nella battaglia per lo "*ius scholae*". Anzi, l'obiettivo della cittadinanza per chi è arrivato in Italia e ha completato un ciclo scolastico può essere raggiunto in un quadro di condivisione, certo non unanime ma almeno oltre il perimetro parlamentare della Sinistra e dell'area liberale, soltanto nell'esplicita accettazione di tali punti. Ma la dottrina sociale della Chiesa deve, giustamente, andare oltre. Il Papa deve adempiere alla sua missione profetica. Così, nel paragrafo 129 della citata enciclica, Bergoglio aggiunge:

> Quando il prossimo è una persona migrante si aggiungono sfide complesse. Certo, l'ideale sarebbe evitare le migrazioni non necessarie e a tale scopo la strada è creare nei Paesi di origine la possibilità concreta di vivere e di crescere con dignità, così si possono trovare lì le condizioni per il proprio sviluppo integrale. Ma finché non ci sono seri progressi in questa direzione, è nostro dovere rispettare il diritto di ogni essere umano di trovare un luogo dove poter non solo soddisfare i suoi bisogni primari e quelli della sua famiglia, ma anche realizzarsi pienamente come persona.

L'Europa, anche in ragione delle sue radici cristiane, non può essere fortezza: deve farsi carico della responsabilità ineludibile del salvataggio e dell'accoglienza, attraverso la condivisione tra Stati esposti direttamente ai flussi migratori e Stati "interni". L'esodo drammatico dall'Ucraina ha scosso anche chi riteneva di avere confini irraggiungibili: il Consiglio europeo, per la prima volta, ha introdotto all'unanimità la protezione temporanea collettiva per chi fugge dalla guerra. Una risposta emergenziale dovuta. Ma i nodi strutturali rimangono. L'Unione Europea, oltre a riscrivere il Protocollo di Dublino, deve prevedere, a cominciare da *hot spots* negli Stati di transito, canali regolari per l'arrivo dei migranti e programmi di integrazione completi. Attraverso la sua agenzia Frontex, l'Unione deve istituire e rendere operativo un corpo specializzato nel soccorso in mare e nel contrasto del traffico di esseri umani. A sinistra, invece, si deve ricominciare ad affrontare le cause delle emigrazioni. Si deve re-imparare a leggere le forme innovative di colonizzazione dell'Africa da parte delle vecchie potenze europee e delle potenze del XXI secolo come la Cina. Si deve riscoprire la cooperazione internazionale. Purtroppo, l'internazionalismo e la giustizia sociale internazionale sono stati archiviati da larghissima parte della Sinistra. La cooperazione per lo sviluppo è scaricata sulle spalle delle organizzazioni del Terzo settore o dei funzionari delle Nazioni Unite. I drammatici effetti della globalizzazione senza freni sulle nazioni più povere sono totalmente ignorati. Ad esempio, è stato assordante il silenzio delle sinistre in merito alle vergognose conclusioni della XII Conferenza Ministeriale dell'Organizzazione Mondiale del Commercio (Ginevra, 15 giugno 2022), nella quale Unione Europea e Stati Uniti, tra gli altri "ricchi", si sono opposti alle richieste di India e Sudafrica, portate avanti per 18 mesi, di sospendere i brevetti sui vaccini e sui dispositivi anti-Covid-19. Le sinistre, radicali e riformiste, di governo e di opposizione, si considerano soltanto articolazioni istituzionali delle ONG impegnate, meritoriamente, nel Mediterraneo o lungo i confini terrestri dell'UE. Considerano come loro unico compito politico, ovviamente imprescindibile, garantire sul versante legale e amministrativo le attività di salvataggio, attracco e sbarco. Non affrontano le cause strutturali delle migrazioni forzate. Sahra Wagenknecht, ex co-leader della Die Linke, messa all'angolo dalla larga maggioranza cosmopolita del partito con i risultati visti alle elezioni di fine settembre 2021 (dimezzamento dei voti: da oltre il 10% di 4 anni fa, a meno del 5%), propone un'analisi condivisibile. Nel suo ultimo libro, *Contro la sinistra neo-liberale* (Fazi Editore, 2022), scrive che il liberismo di sinistra ha la tendenza a «trasformare complesse questioni politiche in certezze morali». L'immigrazione, come la guerra, è una complessa questione politica, economica e sociale, e non si può affrontare soltanto sul terreno morale. Altrimenti, alle fasce di popolo periferico colpite dalle conseguenze dell'immigrazione senza adeguata regolazione non rimane che cercare protezione sociale e identitaria nella destre nazionaliste.

L'egemonia del libero mercato ha investito, attraverso vie insospettabili, anche la sinistra definita anti-sistema. Da tale sinistra, è partita negli anni scorsi l'offensiva per i cosiddetti "beni comuni". Il punto di approdo è stato una proposta di Legge di Iniziativa Popolare (LIP), impropriamente e strumentalmente associata al nome di Stefano Rodotà, in quanto copiata dal testo presentato al Senato dal Partito Democratico nel 2010, a sua volta elaborato sulla base dei lavori della Commissione presieduta dal prof. Stefano Rodotà, istituita dall'ex ministro della Giustizia Clemente Mastella nel 2007. È l'esempio perfetto delle condizioni culturali di larga parte della Sinistra, di governo e di opposizione: l'impianto culturale sottostante e, conseguentemente, le norme qualificanti della proposta sono sinergiche al paradigma liberista, certo involontariamente e a dispetto delle buone intenzioni di chi si è associato all'iniziativa. Si arriva, infatti, a privatizzare i beni comuni definiti, secondo il testo, come «tra gli altri: i fiumi, i torrenti e le loro sorgenti; i laghi e le altre acque; l'aria; i parchi come definiti dalla legge, le foreste e le zone boschive; le zone montane di alta quota, i ghiacciai e le nevi perenni; i lidi e i tratti di costa dichiarati riserva ambientale; la fauna selvatica e la flora tutelata; i beni archeologici, culturali, ambientali e le altre zone paesaggistiche tutelate». Secondo i proponenti, i soggetti privati dovrebbero essere cooperative di milioni di cittadini, dove "uno vale uno". Nella realtà, invece, «il sapiente uso contro-egemonico dell'autonomia privata» giocherebbe a favore proprio di imprese nazionali o multinazionali, servite da quello Stato ritenuto braccio armato delle corporation.

Attenzione: è necessario un intervento legislativo per introdurre nell'ambito dei beni pubblici la categoria di "bene comune" e consentire, tramite attribuzione di tale qualifica, la gestione partecipata e l'autogestione ai lavoratori, agli utenti, ai cittadini, di un ampio insieme di beni pubblici. È anche necessario correggere gli articoli del codice civile oggetto della LIP. A tal fine, per garantire la funzione pubblica della proprietà privata, il prof. Paolo Maddalena, già vicepresidente della Corte costituzionale, ha elaborato un'efficace proposta presentata dal sottoscritto e da altri parlamentari alla Camera e al Senato. È, invece, un clamoroso autogol introdurre, come previsto nella LIP, la categoria di "beni comuni" come categoria alternativa ai "beni pubblici" e, conseguentemente, prevederne la titolarità privata. È un autogol frutto dell'ideologia dell'imminente sollevazione delle "moltitudini comunitarie" e dell'"autonomia del sociale" contrapposta allo Stato-strumento immanente del capitale. Va, al contrario, confermata la nostra Costituzione dove la proprietà è pubblica o privata, dove la proprietà privata è vincolata a irrinunciabili funzioni sociali, dove lo Stato è comunità ed è la forma necessaria all'espressione della sovranità popolare. Qui, va evitata confusione strumentale: lo Stato non è il governo. Le sciagurate privatizzazioni, come le liberalizzazioni dei mercati, sono opera dei governi. Lo Stato è la posta in gioco della dialettica politica e del conflitto sociale. Lo Stato, come ricorda il prof. Maddalena, non è più «persona», ma, dall'approvazione della nostra Carta fondamentale, è comunità, è il popolo indicato dall'art. 1 della Costituzione. In sintesi, anche il caso dei "beni comuni" conferma che, oltre a combattere sul piano politico la destra nazionalista, si deve affrontare la deriva culturale della Sinistra.

Memo #4. Atlantismo adulto e realpolitik

Dall'Ucraina, dal 24 febbraio 2022 e per un tempo infinito, le immagini e le notizie si sono susseguite sempre più drammatiche. Morte, distruzione, esodo. Forte è stato il senso di impotenza di fronte ai crimini sotto i nostri occhi. È vero, vi sono sempre stati, vi erano e continuano ad esservi altri "teatri" di morte. Ad esempio, in Yemen, da diversi anni, si uccidono civili con le nostre armi vendute all'Arabia Saudita; 14.000 morti, in 8 anni di conflitto militare, vi sono stati in Donbass, per rimanere in Ucraina. Quelle guerre non sono state trasmesse a reti unificate h24. Ma l'inerzia verso atrocità "dimenticate" non poteva legittimare l'indifferenza per quanto vedevamo. Il benaltrismo è la maschera del cinismo.

La guerra ha colto tutte le forze politiche di sorpresa. Una guerra novecentesca sul terreno, ma ultrainnovativa nella sfera mediatica, grazie all'abilità del presidente ucraino, Volodymyr Zelenskij, di entrare nei principali Parlamenti nazionali e nei consessi dell'Unione Europea dal suo bunker a Kiev. È stato un terremoto. Nonostante le settimane di addensamento delle forze militari russe ai confini orientali dell'Ucraina e in Bielorussia, abbiamo vissuto l'evento come imprevisto e improvviso. Ovunque. Persino in Russia. Forse, nelle intenzioni dell'aggressore, doveva essere una guerra lampo. Un "*blitzkrieg*", è stato detto. Invece, ha trovato una tenace resistenza: un esercito capace e ben armato e una diffusa mobilitazione di popolo determinato a difendere la propria terra. Forse, l'invasore aveva ipotizzato una sorta di replica della recita messa in atto dall'Occidente in occasione dell'annessione della Crimea. Invece, ha trovato l'Alleanza

Atlantica e l'Unione Europea nettamente a fianco degli aggrediti e i governi rapidi ad approvare sanzioni economiche incisive, seppur frenate dall'imperativo di limitare i danni in casa propria. La ragione del cambio di comportamento rispetto ad allora è evidente: nel 2014, Washington aveva dato un contributo lungamente preparato e decisivo per il "*regime change*" a Kiev e sapeva di dover acconsentire a una reazione proporzionata di Mosca. Inoltre, allora, la Russia riacquisiva, dopo un referendum locale, un territorio "suo" per storia, cultura, lingua. Oltre il fiume Dnepr, invece, incontrava una realtà opposta.

Gelato dalla mossa di Putin, il centrosinistra è stato, come larga parte delle forze politiche dell'Occidente, subito dalla parte dell'Ucraina: l'invasione di uno Stato sovrano è stata giustamente definita ingiustificabile, in flagrante violazione del diritto internazionale. La condanna della Russia è immediatamente arrivata netta. Tuttavia, senza alcun intento giustificativo e senza equidistanza, va rimarcato che il contesto storico e politico dell'aggressione veniva rimosso. Dimenticata l'applicazione del Protocollo di Minsk del settembre 2014 a tutela della minoranza russofila. Ignorato il noto e documentato lavorio degli Stati Uniti e della NATO sull'Ucraina: un territorio di frontiera, da secoli percepito da Mosca come decisivo per la propria sicurezza nazionale. Sottovalutati i rischi conseguenti alla volontà di Kiev, scritta dal 2019 in Costituzione, di entrare non soltanto nell'Unione Europea, ma anche nell'organizzazione atlantica, come fatto dai suoi vicini a Ovest.

Il richiamo del contesto storico e politico non è finalizzato a mettere in discussione con "chi stare", ma a definire "come stare" dalla parte dell'Ucraina. Sul "come stare", i governi dell'Unione Europea sono andati, fino alla rielezione del presidente Macron, a rimorchio degli Stati Uniti. Mentre l'interesse nazionale di ciascuno Stato europeo era arrivare al più presto possibile a una tregua e poi a una pace sostenibile a salvaguardia della sovranità di un'Ucraina neutrale, da Washington, Londra e Bruxelles il messaggio sempre più esplicito indicava l'abbattimento del tiranno di Mosca come obiettivo del sostegno a Kiev. Una strategia attuata con parole, opere e omissioni. Le parole, innanzitutto del presidente Biden, poi della speaker del Congresso USA Nancy Pelosi, del governo britannico, in particolare della ministra degli Esteri Liz Truss, e della presidente della Commissione

Europea Ursula von der Leyen: dalla esplicitazione dell'impossibilità di lasciare il presidente Putin al Cremlino alla liberazione dell'intero territorio ucraino, alla vittoria dell'Ucraina. Le opere: l'invio a Kiev di armi sempre più potenti per far impantanare Putin. Le omissioni: l'assenza di iniziativa diplomatica diretta della Casa Bianca e del Consiglio europeo. In sintesi, una strategia a elevato rischio di escalation militare, comunque pagata dagli Stati dell'Unione Europea per l'assistenza a milioni di rifugiati e per l'impennata del prezzo del gas e dell'energia. Inquadrava in diretta gli eventi Niall Ferguson, storico di origini britanniche, di orientamento conservatore, docente a Harvard:

> Il problema sono gli Stati Uniti: perché l'amministrazione Biden si è imbarcata in una strategia che punta a prolungare la guerra, nella convinzione che questo porterà a un cambio di regime in Russia. La cosiddetta gaffe di Biden non era affatto una gaffe: membri dell'amministrazione hanno più volte indicato quella che chiamo la strategia cinica ma ottimista di prolungare la guerra e aspettare che le sanzioni facciano cadere Putin. Trovo però questa strategia straordinariamente rischiosa e pensata male. Se gli USA adoperassero la loro influenza sia su Ucraina che Russia per spingere a un cessate il fuoco, allora accadrebbe: e tuttavia l'amministrazione Biden non sembra coinvolta nella diplomazia. È un grave errore: e i rischi di prolungare la guerra sono molto maggiori di quanto Biden non sembri comprendere («Corriere della Sera», 30 marzo 2022).

Il "come stare" dalla parte giusta, invece, era decisivo. A tal fine, sarebbe stato utile mettere a punto un'analisi seria del comportamento dello "Zar" e, conseguentemente, definire l'obiettivo del conflitto militare indiretto ed economico diretto, e i mezzi per raggiungerlo. Sarebbe stato altrettanto utile riconoscere che, seppur archiviate le "sfere d'influenza", continuano a esistere Stati a elevata sensibilità geopolitica. Il termine "sfere d'influenza" richiama una fase storica chiusa: la Conferenza di Yalta del 1945, invece che quella di Helsinki di trent'anni dopo. Ma nella realtà dei rapporti di forza – principio regolativo dominante delle relazioni internazionali –, uno non vale uno, nonostante la retorica dei popoli liberi e sovrani. È un dato di realtà che non può valere soltanto per noi che "siamo dalla parte giusta della Storia".

Putin è davvero come Hitler e il Donbass per l'Ucraina come i sudeti per la Cecoslovacchia del 1938? Oppure, come spiegavano generali di ambito NATO ed esperti di relazioni internazionali, da Mosca, con un atto inaccettabile, si puntava a costruire le condizioni per la sicurezza nazionale lungo i propri confini? Purtroppo, nello scenario internazionale, la *rule of law* è piuttosto gracile, poiché nessuna istituzione ha il monopolio legittimo della forza, come invece avviene all'interno dei confini di ciascuno Stato. Quindi, sarebbe stato utile considerare anche il punto di vista dell'avversario, anzi del nemico quando sei in guerra, tanto più quando il tuo nemico non è la Serbia, bombardabile dalla NATO nel 1999 senza autorizzazione ONU, ma una potenza nucleare. Quando il tuo nemico racconta la sua "verità", diversa, anzi opposta alla tua, potrebbe davvero "sentirla", nonostante per te sia inconcepibile. Su «The Economist» del 10 marzo 2022 – terza settimana della guerra –, il prof. John Mearsheimer, studioso di lungo corso di relazioni internazionali, ricostruiva il contesto della guerra della Russia all'Ucraina. La sua tesi, sostenuta con altrettanta competenza, per trent'anni, dal larghissimo filone "realista" di geopolitica e di studi militari, è che la neutralità dell'Ucraina, come della Georgia e della Moldova, viene intesa dall'establishment politico e militare russo quale condizione necessaria per la sicurezza della nazione. Stati Uniti e Unione Europea lo hanno sempre saputo.

Insomma, la rilevanza della neutralità dell'Ucraina per arrivare alla cessazione della guerra è un dato di realtà. Non è in discussione la sovranità. Ma il principio di autodeterminazione non si afferma nel vuoto. Purtroppo, rileva dove sei, con chi sei stato, cosa hai e con chi confini. La sensibilità geopolitica, appunto. Lo sappiamo bene anche noi italiani. Lo hanno sempre saputo a Washington e a Bruxelles, ma hanno continuato a promettere a Kiev l'ingresso nella NATO e a intensificare la presenza di tale Alleanza "difensiva" sul territorio ucraino.

Qui, si permetta una parentesi, utile a comprendere il contesto della discussione e delle scelte di policy. Ovviamente si può non essere d'accordo con la tesi realista appena esposta. Tuttavia, è difficile inserire i suoi qualificati interpreti, per autorevolezza del curriculum scientifico o militare e per la loro inequivoca collocazione di campo, nella lista dei "*Putinversteher*": il termine coniato dalla propaganda dei "buoni" per mettere nel mucchio degli "amici di Putin" quanti, senza ambiguità nella condanna della Russia, si discostavano dalla linea dell'invio delle armi al governo ucraino. Insomma, chi aveva osato non condividere, come il sottoscritto, l'invio delle armi a Kiev non era amico di Putin o un'anima bella attenta alla purezza dei princìpi, freddo verso chi antepone la difesa della propria libertà alla vita. Invece, era convinto, pur tra incessanti dubbi, che rimanere sul terreno del conflitto militare non avvicinava una soluzione possibile e sarebbe stato dannoso più per gli aggrediti che per l'aggressore, data l'enorme differenza di asset militari tra i due campi.

Ora, torniamo alla domanda: "Come dovevamo stare" dalla parte dell'Ucraina? La risposta del centrosinistra doveva essere: senza ambiguità, ma con realpolitik, innanzitutto a partire da un'analisi meno semplicistica, emotiva, consolatoria delle cause dell'aggressione per arrivare a una mediazione accettabile per l'Ucraina. Quindi, Germania, Francia e **Italia, capofila** della vecchia Europa al lavoro per compromesso con Mosca, **non** *regime change*. Per imporre a Putin di fermarsi e costruire **le condizioni politiche** per una trattativa, andavano considerate seria**mente le sue domande**, senza rassegnarsi ad acconsentirvi indiscriminatamente. **Soprattutto**, nella costruzione di un compromesso accettabile, si sarebbero dovuti concentrare gli sforzi diplomatici a coinvolgere la Cina. L'impero asiatico è interessato, da un lato, alla pace in quanto condizione per coltivare il suo mercantilismo e dispiegare la sua egemonia globale e, dall'altro, a un buon rapporto con l'Unione Europea per limitare la "NATO" in via di realizzazione nel Sud-Est asiatico. Per arrivare a un compromesso, si doveva portare dalla nostra parte gli Stati più rilevanti del pianeta e stringere le maglie delle istituzioni multilaterali intorno a Mosca. In sintesi, l'opposto del "capolavoro" diplomatico fatto a New York con la spaccatura dell'Assemblea generale delle Nazioni Unite, nel voto di inizio aprile 2022, per la sospensione della Russia dal Consiglio per i diritti umani: 58 astensioni, tra cui Brasile, India, Pakistan, Sudafrica, Messico, Kuwait, Qatar, e 24 contrari, tra i quali Cina, oltre ad Algeria e Arabia Saudita: i nostri fornitori di energia alternativi alla Russia. Infine, per arrivare a un compromesso, si doveva promuovere da subito la neutralità militare dell'Ucraina attraverso adeguate garanzie per la sua indipendenza. Quindi, si doveva evitare di sancirne l'ingresso accelerato nella UE, come invece faceva a Kiev, a inizio aprile 2022, la presidente von der Leyen: la *membership* UE, nel mezzo del conflitto, era fattore di escalation diplomatica e militare. Inoltre, pregiudicava il futuro dell'integrazione politica europea perché, con il conseguente arrivo dei Balcani, avrebbe portato a un'Unione a 36 Stati. Così, mentre la difesa comune europea rimaneva un miraggio e, come la Germania, ciascuno si riarmava da sé, sarebbero diventati ancora più divergenti gli interessi geopolitici (vedi la sfacciata etichetta di "*persona non grata*" data da Kiev al presidente tedesco Steinmeier) e ancora più soffocante il *dumping* fiscale e sociale per lavoratrici e lavoratori degli Stati a welfare maturo.

Purtroppo, il centrosinistra, quasi ovunque nell'Unione Europea, ma in Italia con maggior zelo nei primi mesi della guerra, seguiva con scarsa autonomia culturale e politica il coro, intimidita anche dalle falangi mediatiche schierate sulla linea della Casa Bianca. Non prestava attenzione, come larghissima parte delle forze politiche dell'Occidente, alla realpolitik. Si accodava alla surreale narrazione dicotomica dello scontro tra democrazie e autarchie senza riconoscere che, per difendere la democrazia, dovevamo includere nel campo dei "buoni" autocrazie spietate e democrature prossime al regime russo per negazione di diritti fondamentali: dall'Egitto all'Arabia Saudita, fonte imprescindibile della nostra diversificazione energetica, alla Turchia del «dittatore» Erdoğan (copyright Mario Draghi, ma qualche mese prima dell'invasione dell'Ucraina), alla Polonia e all'Ungheria, sanzionate dalla Commissione Europea per ripetute infrazioni dello Stato di diritto.

Insomma, il centrosinistra si proponeva come alfiere senza se e senza ma dei diritti dei popoli liberi, forte dell'apprendimento della "dottrina Truman" sul piano teorico e del richiamo strumentale alla nostra Resistenza sul versante pratico. Rimuoveva il dato storico dell'utilizzo della "dottrina Monroe" quale paradigma effettivo di *policy making*: un impianto che, nella durezza del gioco geopolitico della Guerra Fredda e oltre, aveva portato gli Stati Uniti ad attuare anche *regime changes*, intese con governi autoritari e sostegni a dittatori sanguinari per affermare i propri interessi considerati vitali e per arrivare al contenimento e alla distruzione dell'"Impero del male". Inoltre, nel richiamo giustificazionista alla Resistenza per l'invio delle armi a Kiev, il centrosinistra trascurava il "dettaglio" che i nostri partigiani agivano nelle fasi finali di una lunga guerra dove gli "Alleati", con tutti gli uomini e i mezzi disponibili, impegnavano la Wehrmacht su molteplici fronti e, in Italia, non si limitavano a inviare armi, ma arrivavano con 2.500 navi per far sbarcare circa 200.000 soldati e bombardavano con 5.000 aerei.

Infine, il centrosinistra si impegnava a confermare l'aumento della spesa militare in ambito NATO, fino ad almeno il 2% del PIL, in uno scenario completamente mutato: il *quantum* era completamente sganciato da una discussione sulle finalità, sulla concreta realizzazione di una difesa comune europea separabile, ma non separata, dall'Alleanza Atlantica al fine di poter portare avanti interessi geopolitici diversi. Infatti, era sempre più chiaro che l'interesse nazionale degli Stati Uniti non coincideva sempre e comunque con il minimo comune denominatore degli interessi degli Stati dell'Unione Europea. È vero che una difesa comune implica una politica estera condivisa, quindi un'identità politica definita dall'individuazione di tratti strutturali comuni tra interessi nazionali distinti. Ma il tragico tornante storico si dovrebbe affrontare come occasione per un salto di qualità politico e geopolitico. Invece, i grandi Stati dell'Unione Europea innalzano ostacoli lungo il percorso per arrivare al traguardo. La dimensione nazionale continua ad avere una forza enormemente sottovalutata dai sognatori degli Stati Uniti d'Europa.

Ritornate la Storia e la Politica, è urgente ripristinare il primato della scuola realista nelle relazioni internazionali. È la migliore tradizione degli Stati Uniti. Grazie al realismo negli affari esteri, gli *yankees* hanno consolidato il loro primato e garantito a noi europei pace e sviluppo economico nella difficile stagione della "Guerra Fredda". Invece, dopo l'89, convinti della "fine della Storia", "*neocons*" e democratici "internazionalisti" lasciavano il *soft power* e l'uso accorto della dottrina Monroe e approdavano all'*hard power* per "esportare la democrazia": finita la Storia, la Russia, a maggior ragione dopo le devastazioni della cura Eltsin e il default del 1998, era considerata definitivamente fuori gioco al punto da poterne ignorare le rimostranze nella marcia delle democrazie verso Est.

Il realismo era stato anche uno dei tratti caratterizzanti e bipartisan della politica estera dell'Italia repubblicana. Non è tratto distintivo della cultura politica della Sinistra, ma è comunque necessario.

Distintivo della Sinistra è l'ancoraggio agli interessi del lavoro nella declinazione "realista" della politica estera. In sintesi, il centrosinistra, in un passaggio certamente difficile, si dimostrava ancora una volta in ansia da affidabilità atlantica: si preoccupava più di confermare il suo posizionamento valoriale e la sua collocazione di campo che di contribuire a definire in ambito UE una pace e un ordine internazionale praticabile e utile all'Ucraina e agli interessi degli Stati europei. Inoltre, nelle classi dirigenti del centrosinistra prevaleva, anche sul versante della politica internazionale, il profilo culturale *liberal* acquisito nell'ultimo trentennio e attuato sistematicamente sul terreno economico e sociale. Il sostegno all'Ucraina veniva avvolto, per inconsapevolezza o strumentalità, in una narrazione hollywoodiana della Storia e declinato in astratto dalle condizioni materiali e dai rapporti di forza politici e militari, nonostante i disastri prodotti in Afghanistan, Iraq, Libia, Siria dalla leadership USA in una NATO senza bilanciamento politico e militare della difesa comune europea. Alla condanna – sacrosanta – della violazione della sovranità ucraina seguiva l'insistenza sul principio di autodeterminazione, senza disponibilità a riconoscere le condizioni storiche e geopolitiche dell'aggressione per arrivare alla pace possibile. In tale contesto, con grande coraggio e lucidità, Papa Francesco affermava:

> Dobbiamo allontanarci dal normale schema di Cappuccetto rosso: Cappuccetto rosso era buona e il lupo era il cattivo. Qui non ci sono buoni e cattivi metafisici, in modo astratto. Sta emergendo qualcosa di globale, con elementi che sono molto intrecciati tra di loro. Un paio di mesi prima dell'inizio della guerra ho incontrato un capo di Stato, un uomo saggio, che parla poco, davvero molto saggio. E dopo aver parlato delle cose di cui voleva parlare, mi ha detto che era molto preoccupato per come si stava muovendo la NATO. Gli ho chiesto perché, e mi ha risposto: «Stanno abbaiando alle porte della Russia. E non capiscono che i russi sono imperiali e non permettono a nessuna potenza straniera di avvicinarsi a loro» (*Conversazione con i direttori delle riviste culturali europee dei gesuiti*, riportata da Antonio Spadaro, «La Civiltà Cattolica», Quaderno 4128, vol. II, 2022).

Per la prima fase del conflitto, l'atlantismo immaturo lasciava al margine politico la realpolitik. Così, dall'atto scellerato di Putin sull'Ucraina si determinavano drammatiche, ma in parte evitabili, conseguenze sulle persone, sulle economie e sull'ordine internazionale. «Anche le imprese belliche non legittime devono pur trovare una soluzione politica. [...] Il calcolo americano di un prolungamento delle ostilità per accompagnare la Russia in un pantano disastroso non può coincidere con gli interessi europei» (Michele Prospero, «Il Riformista», 23 marzo 2022). Insomma, tornava la Storia, per una transizione straordinariamente complessa, dall'esito ignoto, in un quadro segnato dalla ridefinizione delle gerarchie di potenza. Come per la pandemia, non vi sono manuali d'istruzione per le classi dirigenti della politica, disabituate a vivere la politica come "Storia in atto".

Dopo la sua rielezione, il presidente Macron, insieme al cancelliere Scholz e al presidente Draghi, ben orientato dal presidente Mattarella, prova a correggere la rotta e lavora alla costruzione delle condizioni politiche per una pace possibile. Le conseguenze di una «lunga guerra» per la «vittoria dell'Ucraina», per «liberare l'intero territorio ucraino», per il «*regime change*» sarebbero insostenibili sul versante energetico, economico, migratorio e politico: oltre che per il popolo ucraino, per noi e per l'Africa ricaduta nelle carestie.

Memo #5. Europeismo consapevole: la *demoicracy* per la cooperazione politica possibile

Per poter svolgere il suo mestiere, la Sinistra deve definire e perseguire una sua, autonoma, visione di Unione Europea. È il punto decisivo. È il punto più difficile da affrontare per tracciare la necessaria discontinuità di cultura politica e ritornare a rappresentare le fasce sociali più in difficoltà. Un tempo era chiaro che la declinazione dell'interesse nazionale sul versante sovranazionale determina specifiche conseguenze sui diversi interessi economici interni. Ora, non più. Ma l'intreccio tra classe e nazione vige anche nel XXI secolo. Insistere, nell'ambito dei 27 Stati dell'Unione Europea o anche "soltanto" nell'insieme dei 19 dell'Eurozona, per un progetto federalista, per realizzare i "sogni dei padri fondatori" e *Il manifesto di Ventotene* implica, consapevolmente o meno, consolidare di fatto l'europeismo liberista e allontanare ulteriormente la Sinistra dalle fasce di popolo da riconquistare e dalla missione ambientalista da portare avanti. Continuare a invocare gli "Stati Uniti d'Europa" e una «conferenza per cambiare i Trattati ed eliminare il diritto di veto» evidenzia un europeismo astratto e fideistico, vocato all'inerzia, non a trainare un avanzamento verso l'obiettivo di maggiore integrazione politica. Era evidente prima della guerra della Russia all'Ucraina. La risposta della leadership statunitense e britannica della NATO, con la sponda degli Stati baltici e della Polonia, per la "vittoria dell'Ucraina" e l'archiviazione della Russia a potenza regionale, rischia di determinare come prima vittima il potenziale geopolitico dell'Unione Europea.

L'assenza di passi avanti verso una politica estera condivisa, sintesi di una visione cooperativa di specifici interessi nazionali, quindi il riarmo unilaterale in alternativa a una difesa comune europea, dovrebbe indurre anche i più devoti a un minimo di realismo. Ancora di più quando l'invocazione integrazionista si accompagna all'impegno disinvolto per l'ingresso nell'Unione dell'Ucraina e degli Stati dei Balcani per arrivare a un insieme di 36 membri. Perché? Perché i componenti dell'Unione sarebbero ancora più divergenti per interessi geopolitici e ancora più distanti per condizioni del lavoro. L'ingresso degli aspiranti componenti dell'Unione Europea, segnati da redditi pro capite infimi, tassazione da paradisi fiscali e regolazione minimale del mercato del lavoro, renderebbe il celebrato mercato unico ancora più destabilizzante in termini di delocalizzazioni delle imprese e di *dumping* fiscale e sociale, a danno delle condizioni di lavoratrici e lavoratori degli Stati europei a welfare maturo. In generale, in radicale contraddizione con il passaggio di fase, si confermerebbe l'impossibilità per la Politica di riprendere il controllo dell'Economia. Insomma, lungo la traiettoria inerziale nell'Unione Europea, si consoliderebbe l'interpretazione delle libertà economiche come princìpi assoluti, a detrimento dell'interesse del lavoro e della lotta per la conversione ecologica dell'economia.

Maturare un europeismo consapevole non vuol dire rassegnarsi allo status quo o, al contrario, inseguire pulsioni "sovraniste" No euro e Italexit. La questione di fondo non è uscire o rimanere nell'area della moneta unica o, tanto meno, nell'UE. La questione di fondo è come stare dentro. Rimango convinto che l'avvio "funzionalista" dell'euro, senza adeguate istituzioni politiche legittimate democraticamente, senza "Tesoro", sia stato un errore politico, da parte soprattutto della Francia, accolto ben volentieri dalla Germania. Di fronte alla scelta maturata, noi, Italia, zavorrati allora da un debito pubblico superiore al 120% del PIL e dalle conseguenze sui redditi da lavoro della brutale svalutazione della lira, non avevamo alternative migliori all'ingresso nella moneta unica con il gruppo iniziale: rimanere fuori avrebbe molto probabilmente determinato costi economici, sociali e geopolitici decisamente maggiori. Insomma, in merito alla moneta unica, è fondato il realismo di Vincenzo Visco, più volte ministro nei governi di centrosinistra dal 1994 al 2008, tra i principali artefici dell'arrivo imprevisto dell'Italia nell'euro:

> Non è quindi sorprendente che in Italia si continui ad evitare di fare i conti con la realtà, attribuendo la responsabilità per ogni problema all'Europa, o all'euro, o ad immaginare e prospettare soluzioni isolazioniste, nazionaliste, di "uscita" dalla moneta unica se non dall'Europa, con una leggerezza che sfocia nell'irresponsabilità. [...] Dimenticando altresì che la perdita della autonomia finanziaria del Paese e il suo indebolimento derivano dall'accumulo irresponsabile di debito pubblico verificatosi negli anni Ottanta del secolo scorso e dalla incapacità dei governi successivi di creare le condizioni per un suo progressivo, ma continuo ridimensionamento. Resta il fatto che l'adesione alla moneta unica fu l'ultimo episodio in cui un sano orgoglio nazionale consentì all'intero Paese di identificarsi in un'impresa che sembrava impossibile (in *Carlo Azeglio Ciampi. 1920-2020*, Edizione della Normale, 2021).

Tuttavia, raggiunto l'obiettivo della moneta, sarebbe stata necessaria, **da un lato,** una piena consapevolezza delle sue implicazioni in un mercato **allargato a** Stati così diseguali in termini di welfare e, dall'altro, **una coerente strategia** politica e di politica economica per correggere **la rotta dell'Unione** Europea. Invece, il centrosinistra si è distinto per un'accettazione del "vincolo esterno" passiva e sostanzialmente punitiva per il lavoro.

Per elaborare la sua visione dell'Unione Europea – una visione consapevole –, la Sinistra deve innanzitutto misurarsi con il riconoscimento storicamente fondato dell'identità europea. Qui, la riflessione incrocia molteplici dimensioni disciplinari e, inevitabilmente, riflette posizioni positive e opzioni normative soggettive. L'essere e il dover essere sono in stretta interazione. Senza alcuna pretesa di approfondimento e di ricostruzione culturale e storico-politica, vi sono alcuni tratti difficilmente disconoscibili dell'identità europea: innanzitutto è un'identità plurale, composta da molteplici apporti etici, culturali, politici, amalgamati da conflitti lunghi e cruenti, non soltanto da convivenza aperta e pacifica. È un'identità fondata su nazioni e popoli irriducibili *ad unum*. È un'identità stratificata, caratterizzata da un segno progressivo prevalente, ma sfidato e sopraffatto dalle componenti regressive presenti in essa, come avvenuto ripetutamente nel corso della sua storia millenaria, in particolare nella notte nazista e fascista e, da ultimo, soltanto alcuni anni fa, nei Balcani. In sintesi, il segno progressivo non è immanente, ma è la risultante sempre precaria di un rapporto di forze culturali, sociali e politiche contraddittorie, antitetiche.

Il tratto fondativo sul quale sarebbe utile che la Sinistra riflettesse è quello delle radici cristiane dell'Europa. Non è un tratto da considerare premoderno e da archiviare. Anzi. Oltre ad essere un dato di realtà, sono radici decisive per la correzione di rotta necessaria a rimotivare il primato della Politica e a rimettere al centro la persona e la natura come limiti insuperabili al mercato e al profitto. Sono decisive per riabilitare la Sinistra a svolgere il suo mestiere. Vanno riconosciute indipendentemente dal proprio orientamento culturale o religioso, senza assecondare derive integraliste o ridimensionare la separazione tra Stato e Chiesa. Le radici cristiane dell'Europa sono fatto pubblico, non soltanto sentimento privato. La Chiesa cattolica, pur nella sua articolazione interna di orientamenti, converge sul punto: «Perché alla base dell'Europa, della sua creatività, della sua sana prosperità e, prima di tutto, della sua umanità c'è l'umanesimo dell'incarnazione» scrive Papa Francesco nell'*Introduzione* a una raccolta di testi di Joseph Ratzinger pubblicata con il titolo *La vera Europa. Identità e missione* (Edizioni Cantagalli, 2021). Qui, Bergoglio richiama, in esplicita condivisione, un efficace passaggio degli scritti del Papa emerito: «La figura di Gesù Cristo sta al centro della storia europea ed è il fondamento del vero umanesimo, di una nuova umanità. Perché se Dio è divenuto uomo, allora l'uomo acquisisce una dignità del tutto nuova. Se l'uomo invece è solo il prodotto di un'evoluzione casuale, allora la sua stessa umanità è un caso, e così a un certo punto sarà possibile sacrificare l'uomo per scopi apparentemente superiori».

Nella costruzione dinamica dell'identità europea, alle radici cristiane e cattoliche si intrecciano altre radici, più giovani ma non meno importanti o meno "vere": a partire dall'umanesimo rinascimentale, quale rottura delle sudditanze medievali e avvio della civiltà moderna, segnata dalla cultura illuminista e positivista, fino ad arrivare alle componenti socialiste e marxiste. Sono state, spesso strumentalmente, proposte e raccontate come filiere alternative, mutualmente escludenti. Invece, possono convivere. Convivono. Le radici più giovani non uccidono le più antiche. Le radici dell'identità europea sono tutte vive: «umanesimo dell'incarnazione» e umanesimo originato dal Rinascimento possono convivere nella valorizzazione della dignità della persona, autrice della propria storia, ma senza deliri superomisti e transumanisti. Possono convivere e contribuire a dare linfa alla realtà effettuale. Dal loro intreccio è derivata, a cavallo della Seconda Guerra Mondiale, quale *common law* o programma fondamentale condiviso dalle Costituzioni delle principali nazioni europee, quindi distintivo della civiltà europea, la promozione della dignità della persona che lavora. Quindi, il *Welfare State* come insieme di istituzioni pubbliche universali (il Servizio Sanitario, il diritto allo studio, la previdenza pubblica obbligatoria, l'assicurazione contro la disoccupazione) e di limiti sociali alle libertà economiche. È stato edificato, con enormi differenze nazionali, sul piano teorico e politico dalle forze liberal-democratiche e socialiste e dalle diverse componenti del movimento operaio, ma è incancellabile l'apporto del personalismo cristiano. Nel primo trentennio dopo la fine della Seconda Guerra Mondiale, i *Welfare States* hanno contribuito a far raggiungere alle democrazie europee il primato storico universale nella riduzione delle disuguaglianze di opportunità, oltre che di condizioni materiali di vita. Gli Stati europei diventavano, dopo le decine di milioni di morti nei conflitti bellici e l'abisso scavato con l'Olocausto, fari di liberazione del lavoro e di democrazia sostanziale.

In sintesi, l'identità europea si esprime e si afferma nel riconoscimento dei diritti economici in quanto fattori di utilità sociale, non come diritti di libertà assoluti e sovraordinati ai diritti sociali. A tal proposito, gli articoli da 41 a 44 della nostra Costituzione sono esemplari: «L'iniziativa economica privata è libera. Non può svolgersi in contrasto con l'utilità sociale o in modo da recare danno alla sicurezza, alla libertà, alla dignità umana» (art. 41). «La proprietà privata è riconosciuta e garantita dalla legge, che ne determina i modi di acquisto, di godimento e i limiti allo scopo di assicurarne la funzione sociale e di renderla accessibile a tutti» (art. 42). «A fini di utilità generale la legge può riservare originariamente o trasferire, mediante espropriazione e salvo indennizzo, allo Stato, ad enti pubblici o a comunità di lavoratori o di utenti determinate imprese o categorie di imprese, che si riferiscano a servizi pubblici essenziali o a fonti di energia o a situazioni di monopolio ed abbiano carattere di preminente interesse generale» (art. 43). «Al fine di conseguire il razionale sfruttamento del suolo e di stabilire equi rapporti sociali, la legge impone obblighi e vincoli alla proprietà terriera privata...» (art. 44). Le nostre norme costituzionali non sono soltanto "nostre": trovano corrispondenza in altre Carte fondamentali, in particolare, non accidentalmente, in quelle delle nazioni piagate, come l'Italia e la Germania, dai regimi autoritari della prima metà del Novecento o degli anni Sessanta e Settanta.

A partire dall'inizio degli anni Ottanta, l'identità europea, frutto prezioso di millenaria maturazione e costata fiumi di sangue e aberrazioni disumane, viene investita dallo tsunami liberista, generato dal suo seno, oltre che dall'esterno. Gli interessi economici più forti erano insofferenti al ridimensionamento di potere indotto dalle conquiste del movimento operaio liberatosi dai regimi fascisti e animato dai programmi fondamentali scolpiti nelle Costituzioni nazionali. In sinergia con essi, i filoni intellettuali liberisti e ordo-liberisti, radicati nella cultura anglosassone e tedesca, diventano prima egemoni e poi dominanti nella scrittura delle normative della Comunità Economica Europea, poi Unione. Non è una svolta improvvisa. Piuttosto un'accentuazione del segno dell'integrazione che, scrive Giulio Sapelli, sin dalle origini era liberista: «Per Monnet non vi sarà pace in Europa finché non saranno raggiunti due obiettivi: il ristabilimento di regimi democratici in tutti i Paesi; l'organizzazione politica ed economica capitalistica liberista di un'entità europea» (*Nella Storia mondiale. Stati Mercati Guerre*, Guerini e associati, 2021). Il passaggio di fase si compie, come ricordato nel memo #3, nel 1986 con l'Atto Unico per l'avanzamento e il potenziamento del mercato interno.

Il dato politico è il seguente: dal 1986, le quattro sacre libertà incluse nel Trattato di Roma del 1957 (libertà di movimento di capitali, merci, servizi e persone) diventano sostanzialmente assolute, si sciolgono dalla loro funzione sociale e vengono sovraordinate ai diritti sociali. Si avvia, così, la competizione non tra imprese, ma tra ordinamenti giuridici e di welfare. La Commissione agisce con solerzia con la complicità dei governi nazionali e del Parlamento europeo, in un quadro politico sostanzialmente bipartisan, data l'egemonia liberista dopo l'89 sulla famiglia socialista, socialdemocratica e laburista. Entra a regime il "Bruxelles Consensus" e si approvano direttive regressive per i diritti dei lavoratori, in nome della libera circolazione dei fattori produttivi, della "libertà di stabilimento" nel mercato unico e del "principio del Paese di origine". Esemplare la Direttiva sui lavoratori dislocati (n. 96/71/CE, attraverso la quale si consente a un'impresa proveniente da uno Stato a welfare minimo e retribuzioni pari a un quarto o un quinto dei livelli contrattuali conquistati al di qua del Muro di Berlino di venire a produrre nelle nazioni a welfare maturo e contratti nazionali dignitosi e di portarsi dietro le dirompenti normative e retribuzioni di casa. L'integrazione europea, invece di essere fattore di mitigazione della globalizzazione, ne è programmaticamente fattore di aggravamento. Il fattore produttivo a maggiore mobilità, il capitale finanziario, si libera dai condizionamenti impostigli dal fattore produttivo meno mobile, il lavoro, il quale subisce anche la spinta verso il basso da quanti arrivano senza alternative allo sfruttamento. In sintesi, è il trionfo del disegno teorico e del programma politico di Friedrich von Hayek definiti negli anni Trenta del secolo scorso per contrastare e invertire la tendenza degli Stati nazionali a proteggere i cittadini, non soltanto sul piano della sicurezza militare ma anche sul piano della sicurezza sociale. Il "lavoro povero" e la "questione salariale" non sono accidenti o conseguenze di avidità di avventurieri spregiudicati. Anche sul terreno economico, come su quello migratorio e militare già incontrato, si conferma la regressione culturale della Sinistra all'eticizzazione del conflitto.

La portata sociale dell'innovazione restauratrice non è subito evidente, dato che il mercato unico abbraccia, inizialmente, soltanto Stati a livello di welfare e civiltà del lavoro analoghi. Nel 1981 (Grecia) e nel 1986 (Spagna e Portogallo) entrano nella Comunità Economica Europea Stati a reddito pro capite e condizioni del lavoro decisamente inferiori alla media dei sei Stati fondatori e del Regno Unito, membro dal 1973, insieme all'Irlanda, caso diverso. Ma i neo-entrati arrivano carichi delle rivendicazioni salariali e delle domande di protezione sociale soffocate dalle lunghe notti delle dittature militari. Invece, gli effetti dell'Atto Unico e delle conseguenti direttive diventano dirompenti per la base della piramide sociale e per le classi medie dopo l'89, in particolare nel 2004, con l'allargamento dell'Unione Europea agli Stati dell'Est. Sono Stati travolti dal crollo del regime sovietico e brutalmente investiti dal liberismo selvaggio codificato nel "Washington Consensus", gemello del "Consensus" di Bruxelles e raccomandato spesso dai Chicago boys invitati come consulenti dei governi. Il programma per l'ingresso nel "mondo libero" prevede privatizzazioni anche dei monopoli naturali, Stato minimo, quindi tassazione minima e welfare minimo: smantellamento della Sanità pubblica e privatizzazione del sistema pensionistico sono punti imprescindibili, "*conditionalities*", per avere i finanziamenti di Banca Mondiale e Fondo Monetario Internazionale. In sostanza, l'agenda delle "riforme" strutturali è finalizzata a esercitare concorrenza al ribasso agli ordinamenti di welfare dei "vecchi" membri dell'Unione. Inoltre, gli Stati neo-entrati hanno una forza lavoro a buon livello di istruzione e di competenze tecniche. L'effetto è scontato e facilmente prevedibile: delocalizzazioni verso Est e migrazioni verso Ovest, quindi *dumping* sociale e *dumping* fiscale per i nostri "subordinati". Il costo della brillante operazione geopolitica ricade interamente su lavoratori e lavoratrici dei settori più esposti alla concorrenza e a minor valore aggiunto.

Vi erano alternative senza rinunciare all'obiettivo geopolitico? Sì, le abbiamo riassunte nel memo #3. Dopo la reazione emotiva per accelerare l'ingresso dell'Ucraina nell'Unione Europea, una strada ragionata e ragionevole, implicitamente critica dell'allargamento a Est compiuto nel 2004, l'ha indicata Enrico Letta nella "Confederazione dei 36", ossia un forum politico dei 27 membri aperto agli Stati dei Balcani e all'Ucraina, alla Georgia e alla Moldova (si veda l'intervento del segretario del PD su «Il Foglio» del 11 aprile 2022). Qualche giorno dopo, il 9 maggio, a Strasburgo, a conclusione della «Conferenza sul futuro dell'Europa», sostanzialmente negli stessi termini e con gli stessi obiettivi, il presidente Emmanuel Macron ha proposto una «Comunità Politica Europea». Infine, come ricordato prima, il 23-24 giugno 2022, al vertice dei Capi di Stato e di governo europei, è arrivato un compromesso ragionevole sulla carta: il riconoscimento dello status di «candidato» all'accesso all'Unione Europea per Ucraina e Moldavia senza scorciatoie *ad hoc*; l'accoglimento della proposta per la Comunità Politica Europea come «piattaforma per il coordinamento politico per gli Stati del continente»; l'impegno a dare seguito alle raccomandazioni contenute nel Rapporto della Conferenza sul futuro dell'Europa per la revisione dei meccanismi decisionali e di fatto l'avanzamento dell'integrazione politica per un numero ristretto di Stati della "vecchia Europa". In sintesi, una *road map* da portare avanti in un preciso ordine cronologico per evitare l'altissimo rischio di ripetere gli errori politici dell'allargamento a Est e, di conseguenza, consolidare l'Unione Europea come grande mercato alimentato dalla svalutazione del lavoro, privo di soggettività politica. Senza interventi sulla regolazione delle quattro sacre libertà scolpite nei Trattati europei, l'ulteriore allargamento sarebbe insostenibile per lavoratrici, lavoratori e piccole imprese e andrebbe fermato. Gli standard da raggiungere per l'accesso all'Unione Europea sono concentrati sulle condizioni minimali dello Stato di diritto, ma lasciano completamente scoperto il versante della competizione al ribasso tra quadri di welfare e condizioni del lavoro.

Torniamo al racconto della rotta sempre più mercatista e mercantilista dell'Unione Europea. All'Atto Unico, seguono (1992) il Trattato di Maastricht, con la *governance* tecnocratica per le politiche di bilancio, il piano per la moneta unica senza Tesoro comune e lo statuto ultraliberista della Banca Centrale Europea. In quest'ultimo, si scrive quanto neanche Ronald Reagan e Margaret Thatcher all'apice della loro "rivoluzione" e della loro forza politica avevano osato sostenere e proporre: l'eliminazione dell'obiettivo della "massima occupazione" dal mandato dell'autorità indipendente di politica monetaria. Mentre la Federal Reserve e la Bank of England hanno un duplice obiettivo di policy, a Francoforte si semplifica in coerenza con la marginalizzazione della dimensione sociale nella regolazione delle libertà economiche: soltanto il contenimento dell'inflazione al di sotto del 2%.

È esemplificativo dell'interpretazione data dalla Commissione Europea alla gerarchia dei princìpi scritti nei Trattati il posto assegnato al "NAWRU" (*Non-Accelerating Wage Rate of Unemployment*): il tasso di disoccupazione di lungo periodo compatibile con la stabilità dei prezzi. Lasciamo stare l'arbitrio politico, inconsapevolmente consegnato ai "tecnici" nella definizione e nella quantificazione del PIL potenziale di ciascuno Stato dell'Unione. Lasciamo stare anche la rilevanza di policy attribuita al PIL potenziale. Andiamo al nodo politico, culturale e morale: il livello del tasso di disoccupazione rileva soltanto in relazione all'andamento dei prezzi e ad esso è rigidamente subordinato. La stabilità dei prezzi è l'obiettivo primario della politica economica, anzi l'unico, come da statuto della Banca Centrale Europea. Che vuol dire? Che quando noi, come altri nell'Unione Europea, abbiamo un tasso di disoccupazione elevato, anche molto elevato, ad esempio l'11%, come è avvenuto per l'Italia negli anni alle nostre spalle, la politica economica è inibita a ridurlo se la sua riduzione, secondo la metodologia del PIL potenziale, determina un aumento dei prezzi. Non è un caso astratto. È avvenuto sistematicamente per l'Italia e per gli altri PIGS (acronimo raffinato coniato per indicare Portogallo, Grecia e Spagna, oltre a noi. Ovviamente, in una relativamente piccola economia aperta, utilizzatrice di moneta unica, la dinamica dei prezzi interni è una variabile da tener presente con la massima attenzione. Ma non può essere la variabile sovraordinata all'occupazione, ossia alla valorizzazione del lavoro, la variabile fondativa della nostra Repubblica democratica.

È, dovrebbe essere, agghiacciante per la Sinistra. Invece, sulla ferita alla nostra Costituzione, la Sinistra, quando consapevole, neanche discute per evitare di indebolire le sue credenziali europeiste. Eppure, anche un europeista DOC lontano dagli interessi del lavoro come Guido Carli, nelle memorie del 1993 (*Cinquant'anni di vita italiana*, in collaborazione con Paolo Peluffo, Laterza), aveva riconosciuto che «è difficile accettare con animo leggero il fatto che l'obiettivo della stabilità dei prezzi sia indicato senza alcun riferimento al livello di occupazione e, dunque, al benessere delle comunità che si sono date questa nuova Costituzione monetaria. Ho provato ripetutamente nel corso del negoziato a inserire tra i criteri anche il livello di disoccupazione [...]. Senza successo». A giugno scorso, dopo la positiva performance avuta nella monetizzazione dei deficit indotti dal contenimento della pandemia, la BCE ritorna alla lettera del suo statuto: incurante dell'economia di guerra e della natura dell'inflazione, inasprisce la svolta della politica monetaria senza attivare scudi anti-spread per gli Stati più esposti in termini di sostenibilità del debito pubblico.

Dopo il '92, venuta meno la funzione di contenimento implicitamente esercitata dall'Unione Sovietica sugli spiriti più animali del capitalismo, celebrata la "fine della Storia", viene approvata una serie sempre più stringente di ulteriori normative di finanza pubblica: dal Six Pack, al Two Pack al Fiscal Compact. È la fase dove illustri accademici arrivano ad argomentare finanche l'austerità espansiva (in particolare, in Italia, Alberto Alesina e Francesco Giavazzi sul «Corriere della Sera»). Alla crisi dei debiti privati evidenziata dall'implosione di Lehman Brothers nel 2007, da questa parte dell'Atlantico si risponde con la stupida e autolesionistica aggressione ai debiti pubblici. La Troika, costituita da Commissione Europea, BCE e FMI, come uno spettro si aggira per l'Europa per catturare e rinchiudere i reprobi nel MES: il Meccanismo Europeo di Stabilità. Il programma del terzetto colpisce la Grecia per salvare le banche tedesche e francesi. Arriva, nel 2011, anche da noi con l'elegante loden del presidente Mario Monti.

È un ulteriore indicatore del cambio di fase storica che proprio Mario Monti, dalle colonne del «Corriere della Sera» (4 agosto 2021), a 10 anni dalla famosa lettera della BCE al governo Berlusconi e dal suo sbarco a Palazzo Chigi, rimprovera sul piano democratico l'altro Mario, Draghi, allora a capo dell'istituto di Francoforte, ennesimo "tecnico" paracadutato a febbraio 2021 alla presidenza del Consiglio per salvare l'Italia. Il senatore Monti ricorda al presidente Draghi di aver portato la BCE a «erigersi a "podestà forestiero" travalicando il **proprio mandato»** e, nel merito, gli esplicita che «sotto il profilo del **riequilibrio di bilancio»** o dell'austerità, che per anni avrebbe reso **più difficile la vita** degli italiani e avvelenato il dibattito politico, «la **BCE peccò decisamente** per eccesso, sia in generale che nei confronti **dell'Italia».**

In piena sintonia, *in primis* culturale, con le politiche di de-regolazione dei movimenti di capitali, merci, servizi e persone e con le politiche di bilancio, si stratificano cruciali sentenze della Corte di Giustizia europea e anche della Corte europea dei diritti dell'uomo a consolidare per via giurisdizionale il primato delle libertà economiche e del diritto di proprietà sui diritti sociali. Scrive ancora Giulio Sapelli nel testo citato nelle pagine precedenti: «Gli assunti ordo-liberisti divenivano regole di uno Stato che non esisteva, e infatti l'Unione non aveva e non ha una Costituzione, con conseguenze disgreganti sul piano del diritto, trasformando lo Stato di diritto in Stato giurisprudenziale (la Corte di Giustizia) costantemente in conflitto con le Costituzioni nazionali e quindi il Parlamento sostituito dalle sentenze dei giudici».

Cesare Salvi, in una eccellente riflessione su *Capitalismo e diritto civile* (il Mulino, 2016), ripercorre tre sentenze prodotte nel 2007 dalla Corte di Lussemburgo: la sentenza Viking; la sentenza Laval; la sentenza Rüffert. I casi sono analoghi. Ad esempio, nella vicenda Laval, la Corte di Giustizia europea condanna le azioni dei sindacati svedesi, nonostante siano previste dalla legislazione nazionale e dalla Costituzione. Sono azioni finalizzate a contrastare l'applicazione ai dipendenti di un'impresa operante in Svezia, ma con sede legale in Lettonia, delle condizioni lavorative e salariali lettoni, ovviamente peggiori di quelle garantite ai lavoratori svedesi. In sostanza, commenta Salvi:

> La tutela della concorrenza diviene così non garanzia della parità di trattamento tra imprese nazionali e imprese di altri Stati, ma garanzia della libertà dell'impresa di scegliere l'ordinamento giuridico che consenta le condizioni migliori per essa (e peggiori per i dipendenti): concorrenza tra ordinamenti, non tra imprese. [...] Che la libera prestazione dei servizi rientri nel novero delle libertà economiche garantite dal Trattato non è in discussione. Ma l'interpretazione che ne dà la Corte di Giustizia non è conforme ai princìpi della Costituzione italiana. In base a tali princìpi, infatti, non solo non dovrebbe essere considerata violata la libertà economica se uno Stato ritenga di applicare le norme interne a tutti i lavoratori operanti sul proprio territorio, quale che ne sia la nazionalità e quale che sia lo Stato nel quale ha sede sociale l'impresa che li utilizza; ma anzi dovrebbe giungersi alla conclusione opposta, del contrasto cioè con le norme costituzionali di una disciplina che preveda tutele differenziate per i lavoratori, in base alla loro nazionalità.

Qui, entriamo nel gorgo non soltanto giuridico, ma politico. Da qui passa il sentiero impervio, riformista, l'unico possibile, per re-imparare e fare, nello scenario del XXI secolo, il mestiere della Sinistra. Ma andiamo con ordine.

La funzione della Corte di Giustizia europea è di primaria rilevanza politica per affermare il primato delle normative europee sui princìpi delle Costituzioni nazionali e tentare di aggirare un differenziale di legittimazione democratica tra le norme interne e i contenuti dei Trattati. In sostanza, la Corte interviene a definire una gerarchia tra le fonti che, in realtà, non è univoca, perché l'Unione Europea non ha una Costituzione. Infatti, il tentativo del 2005, finalizzato ad approvare il «Trattato che adotta una Costituzione per l'Europa», prodotto dalla Convenzione sul futuro dell'Europa, presieduta da Valéry Giscard d'Estaing, viene sconfitto alle prove di popolo: nel referendum in Francia prima e in Olanda poi, due Stati fondatori della Comunità Europea. Insomma: «Non viviamo in un mondo costituzionale pacificato. I tentativi di neutralizzazione delle contraddizioni che sono compiuti fuori del contesto di una strategia politica di ripensamento dell'integrazione sovranazionale e internazionale sono goffi e destinati al fallimento. L'ipotesi che un problema politico di primaria importanza come quello che è posto dalla difettosa integrazione raggiunta in Europa possa essere risolto dal "dialogo fra le Corti" è ingenua» (Massimo Luciani, già presidente dell'Associazione Italiana Costituzionalisti, in *Il brusco risveglio. I controlimiti e la fine mancata della storia costituzionale*, in «Rivista dell'Associazione Italiana dei Costituzionalisti», n. 2, 2016). È un nodo politico ineludibile. Sarebbe saggio discuterlo. Invece, viene esorcizzato quando, in Francia, è posto al centro del discorso politico da Jean-Luc Mélenchon.

Dopo gli "incidenti di popolo" del 2005, il Trattato "estratto" dall'abortita Costituzione europea, all'art. 4, comma 2, ha previsto che «l'Unione rispetta l'uguaglianza degli Stati membri davanti ai trattati e la loro identità nazionale insita nella loro struttura fondamentale, politica e costituzionale, compreso il sistema delle autonomie locali e regionali...». È un inserimento che richiama, implicitamente, i "controlimiti", ossia i princìpi fondamentali, irrinunciabili, presenti in ogni Costituzione. Potrebbe avere primarie implicazioni di policy, sebbene controverso. Secondo Massimo Luciani, la sola lettura armonizzante sarebbe questa: «Che l'identità nazionale (*recte*: costituzionale) che l'Unione deve rispettare è solo quella che viene dichiarata tale dallo Stato interessato, nelle forme e nei modi che la sua Costituzione stabilisce».

La disputa giuridica sarebbe di scarso interesse politico se i princìpi fondamentali dei Trattati europei fossero sostanzialmente allineati ai princìpi fondamentali delle Costituzioni degli Stati dell'Unione Europea. Purtroppo, come abbiamo anticipato sopra, non è cosi. Nei diversi ordinamenti, le gerarchie tra i princìpi sono diverse. I Trattati europei attribuiscono il primato ai diritti economici, alle quattro libertà costitutive del mercato unico europeo, come sancito dal citato emendamento al Trattato di Roma, contenuto nell'Atto Unico. Sono considerati fondamentali diritti di libertà. Nella nostra Costituzione, ma vale anche per altre Costituzioni, invece, i diritti economici sono limitati da una imprescindibile funzione sociale (vedi i richiamati articoli da 41 a 45).

Di fronte all'evidente divergenza, la nostra Corte costituzionale, in due sentenze (n. 183/1973 e n. 170/1984) e nella successiva "sentenza Taricco" (n. 115/2018), ha riconosciuto che la normativa europea può essere soggetta al sindacato della Consulta in caso di contrasto «con i princìpi fondamentali del nostro ordinamento costituzionale e i diritti inalienabili della persona umana». Quindi, i giudici costituzionali italiani, ma, come abbiamo letto, anche i giudici costituzionali tedeschi, cechi, portoghesi e, da ultimo, polacchi, evidenziano legittimamente "controlimiti" al primato del diritto europeo, ossia princìpi primari che non possono essere lesi dal diritto comunitario, che, invece, prevale, come le citate sentenze della Consulta affermano, sulle altre norme costituzionali.

Qui, non si segue nessuna moda "sovranista". Non si giustificano le negazioni di diritti civili fondamentali, motivate da sentenze di Corti costituzionali più o meno controllate dal potere esecutivo, anche se le valutazioni politiche vanno ponderate con la consapevolezza delle specificità culturali e storiche di ciascuna nazione. Qui, non si mette neanche in discussione la necessità di un ordinamento giuridico europeo condiviso e affidato alla giurisprudenza di una Corte sovranazionale. Qui, si segnala, invece, il rischio di "liberalismo autoritario", effettivamente affacciatosi nel complesso negoziato per approvare il pacchetto "Next Generation EU" quando "i buoni" hanno tentato di attribuire alla Commissione e al Consiglio europeo un potere sanzionatorio verso Stati ritenuti in violazione dei princìpi fondamentali previsti nei Trattati dell'Unione, senza un previo pronunciamento della Corte di Giustizia europea. Qui, si intende soprattutto esplicitare un punto cruciale, sintetizzato efficacemente da Massimo Luciani nel testo appena citato:

> Fin quando si daranno popoli europei, a ciascuno di loro spetterà la sovranità e la questione dei controlimiti resterà aperta (oltre che entro i singoli ordinamenti costituzionali e nel rapporto fra questi e l'ordinamento internazionale) anche sul terreno del sistema sovranazionale europeo e del sistema europeo della Convenzione. [...] I controlimiti, si badi, se a prima vista appaiono solo paletti

> di difesa di interessi nazionali (anche egoistici), a uno sguardo più attento si rivelano marcatori della via per una più profonda e meditata unione politica, segnalando, allo stesso tempo, il più ridotto confine cui può giungere un processo di integrazione di tratto essenzialmente economico-finanziario [...]. A questo proposito, va precisato che l'identificazione dei princìpi supremi è meno agevole e discrezionale di quanto appaia a prima vista. Non si tratta, infatti, di stabilire cosa sia ontologicamente principio supremo, ma semplicemente di accertare dove si collochi il punto di non riconoscibilità di un ordine costituzionale. Raramente tale punto è identificato con precisione dal diritto positivo (lo si fa, ad es., all'art. 139 Cost. per l'irrivedibilità della forma repubblicana); talvolta è dal diritto positivo solo suggerito (v. il riferimento ai diritti "inviolabili" o la proclamazione che l'Italia "è" una Repubblica democratica, sicché se cessa d'essere Repubblica democratica cessa anche d'essere "Italia" per come oggi la conosciamo); talaltra è ricavabile solo in ragione di una specifica indagine storica. Indagine storica, appunto: [...] che consideri le radici dell'ordinamento e le ragioni profonde della sua nascita e della sua successiva evoluzione.

Qui, si pone un problema politico e di democrazia decisivo per la dignità del lavoro, la lotta alle disuguaglianze, la conversione ambientale. Esorcizzarlo a colpi di anti-sovranismo, come fa sistematicamente la Sinistra, implica abdicare alla propria autonomia culturale e rinunciare a esercitare il proprio mestiere. Qui, arriviamo al nodo politico centrale, efficacemente sintetizzato da Cesare Salvi nel testo citato sopra: «Il principio sociale che informa la nostra Costituzione è da considerare principio supremo e quindi prevalente rispetto a quelli del diritto europeo?». Per riprendere i termini di Massimo Luciani, l'astrazione dei diritti economici e del diritto di proprietà dalla loro funzione sociale determina la non riconoscibilità del nostro ordine costituzionale? La risposta, tratta dalle letture di costituzionalisti di vari orientamenti culturali, è sì: il principio sociale è cardine della nostra Carta fondamentale, è principio supremo, ne è tratto di riconoscibilità. Quindi, secondo almeno una parte, larga e autorevole, della dottrina e della giurisprudenza costituzionale, il principio sociale prevale sulle norme dei Trattati europei in conflitto con esso.

Da qui, da un europeismo consapevole del funzionamento effettivo e delle contraddizioni, oltre che delle potenzialità, dell'Unione Europea si deve muovere per re-imparare e svolgere il mestiere della Sinistra. Si può discutere di tale punto? L'obiettivo non è frenare, ma promuovere l'integrazione europea in forma condivisa e legittimata: l'unica forma possibile e proficua per sostenere l'interesse del lavoro. Non vi sono scorciatoie. L'exit non è, non è mai stata, una strategia politica. Il "Piano B", discusso dal 2015 dal sottoscritto con alcuni interlocutori della sinistra europea (da Jean-Luc Mélenchon de La France Insoumise, a Oskar Lafontaine e Sahra Wagenknecht della Die Linke, a Catarina Martins del Bloco de Esquerda, ai "dissidenti" di Syriza Yanis Varoufakis e Zoe Konstantopoulou) dopo la tragica offensiva dei governi dell'Eurozona contro la Grecia e poi contro l'Italia, è stato archiviato di fronte alla risposta della BCE e degli Stati dell'Unione alla pandemia. Prima, il feroce quadro politico portava, tra gli altri, anche il premio Nobel per l'economia Joseph Stiglitz a prospettare un "divorzio consensuale" nell'Eurozona di fronte all'impraticabilità della correzione di rotta delle politiche economiche dell'UE.

Ora, siamo in un'altra fase, speriamo. Nell'Unione Europea, prima la pandemia da Covid-19 e poi la guerra della Russia all'Ucraina hanno indicato, a un tempo, potenzialità e limiti per una possibile svolta. L'indicatore di maggior portata politica non è il pur innovativo, sebbene troppo esaltato, "Next Generation EU" con il "debito europeo" (ma non mutualizzato) per il finanziamento dei Piani Nazionali di Ripresa e Resilienza. Il *game changer* è stato la BCE, che, di fronte alle urgenti e massicce necessità dei bilanci pubblici degli Stati dell'Eurozona per le spese sanitarie e il soccorso delle economie dal collasso, si è comportata come la Fed, la Bank of England, la Bank of Japan e le banche centrali degli altri Stati nazionali. La dimensione del debito "sovrano" degli Stati dell'Unione acquistato dalla BCE, tramite il Sistema europeo delle banche centrali, supera, a fine 2021, 4.000 miliardi di euro. Di fronte a tale dato di realtà, diventa astratto anche il programma dei partiti nazionalisti e conservatori europei per un ripiegamento "confederale" dell'Unione Europea. Quale re-impostazione confederale è realisticamente possibile tra Stati così indebitati in una valuta fuori dal loro signoraggio? Si impone, al contrario, una correzione della regolazione del mercato unico e, insieme, un'ulteriore avanzamento selettivo dell'integrazione politica ed economica. Il ritorno alle regole e all'agenda pre-Covid sarebbe insostenibile sul piano della finanza pubblica, oltre che sociale, non soltanto per i PIGS, ma anche per Francia e Belgio. Come sarebbe insostenibile il ritorno della BCE, spinta dalla Germania e dagli Stati frugali, alla lettera del suo statuto. Sarebbe a rischio la tenuta dell'Unione Europea e dell'Eurozona.

È la tesi ben motivata da Alfredo D'Attorre in *L'Europa e il ritorno del "Politico". Diritto e sovranità nel processo di integrazione* (G. Giappichelli Editore, 2020):

> L'Unione Europea si trova peraltro ad affrontare una situazione che non terminerà con la fine dell'emergenza, perché il mondo in cui essa ha strutturato la sua architettura non sembra destinato a tornare in un ragionevole futuro. Il quadro regolativo vigente fino alla pandemia, già incrinato dalla prima crisi globale, è ormai inapplicabile, se non con il risultato di spingere la divergenza tra i diversi Paesi a livello ancora maggiore, incompatibile con la sopravvivenza dell'unione monetaria e forse dello stesso mercato unico. Allo stesso tempo, questo quadro non è modificabile all'interno dell'impianto concettuale ordoliberista, che lo aveva strutturato in maniera piuttosto coerente. Il progetto europeo si trova perciò di fronte a un collasso di paradigma: si entra in una transizione aperta a esiti molto diversi, proprio perché non è in gioco l'aggiustamento al margine di una costruzione che non regge, ma la ricostruzione dei suoi pilastri fondamentali.

Rimanere fermi è impossibile. Ma come andare avanti nel percorso di integrazione europea? Ha senso insistere sugli Stati Uniti d'Europa a membership completa? Oppure, va definita una prospettiva diversa e differenziata sia per protagonisti che per ambiti di policy? Nella fase del ritorno della Politica, che fare per dare risposte progressive alle esigenze di sicurezza nazionale, alle domande delle fasce sociali in difficoltà e all'imperativo di un'effettiva conversione ecologica sostenibile sul piano sociale? Che fare per tornare a svolgere il mestiere della Sinistra?

La questione è estremamente complessa e sostanzialmente politica. Non vi sono soluzioni oggettivamente percorribili o preferibili. La sfida, tuttavia, va affrontata sulla base di una lettura storico-politica fondata sui dati di realtà e in stretta relazione con gli interessi economici e sociali da rappresentare. Anche qui, come per il più ampio scenario delle relazioni internazionali, l'analisi largamente prevalente nel centrosinistra e nella Sinistra manifesta un deficit di realismo. Un *bias* cognitivo profondo, impermeabile finanche all'evidenza derivante dalla drammatica aggressione della Russia all'Ucraina: il riarmo nazionale dei principali Stati dell'Unione Europea (a cominciare dall'impegno di 100 miliardi di euro della Germania, in parte per armamenti made in USA), poco disponibili ad avviare una difesa comune, nonostante l'utilizzo della NATO da parte degli Stati Uniti per fini non sempre utili agli interessi del Vecchio Continente.

Senza realismo, i sogni diventano incubi e si smarrisce irrimediabilmente la funzione politica. L'insistenza sulla direttrice federalista – gli "Stati Uniti d'Europa" – come condizione necessaria di europeismo e unica rotta di avanzamento dell'integrazione europea è, l'abbiamo sottolineato nel memo precedente, un approccio fideistico e astratto dai connotati della realtà. Quindi, finisce per consolidare lo status quo, causa di subalternità geopolitica all'asse anglo-americano-baltico e fonte di svalutazione del lavoro e di sempre più ampie divergenze sociali. È la linea, comprensibile, delle forze concentrate sulla difesa degli interessi più forti salvaguardati dal primato illimitato delle libertà economiche e dalla marginalizzazione della politica. Ma è anche la linea ripetuta in modo martellante da una Sinistra convinta, dopo l'89, di trovare la sua missione storica nell'attuazione dell'agenda europea "a prescindere". Una vocazione, quando vi è consapevolezza del funzionamento del mercato unico europeo, strumentale all'acquisizione di una comoda rendita di posizione di governo, grazie anche ai caratteri della nostra destra nazionalista.

È necessario un altro paradigma interpretativo e di policy per correggere la rotta dell'integrazione europea e fare il mestiere della Sinistra. Si deve partire dalla corretta interpretazione della "sovranità". Qui, Carlo Galli, illustre docente di Storia delle dottrine politiche a Bologna, già deputato del PD e presidente dell'Istituto Gramsci dell'Emilia Romagna, è insuperabile sia per la premessa sia per la definizione del termine. La premessa:

> Sovranità: disprezzarla, o deriderla. Nel nuovo "Dizionario dei luoghi comuni", il politicamente corretto delle élite mainstream, sembra esserci questo imperativo. Chi fa un uso positivo di quello che era il cuore della dottrina dello Stato, luogo centrale del diritto pubblico, bene custodito nella Costituzione repubblicana e nella carta dell'ONU, è ormai considerato un maleducato, un troglodita: è compatito con un sorriso di scherno come chi cercasse di telefonare in cabine pubbliche con gettoni, quando non è demonizzato come fascista.

La definizione: «Se proprio si vuole definire, la sovranità, in prima approssimazione, è il modo in cui un corpo politico si rappresenta (o si presenta) per esistere, per volere, per ordinare e per agire secondo i propri fini, nell'epoca moderna in cui l'ordine politico non è più legittimato da fondamenti tradizionali» (*Sovranità*, il Mulino, 2019).

Dalla corretta definizione di "sovranità", può essere utile l'analisi dell'Unione Europea come *demoicracy*. Cos'è? Con il termine "*demoicracy*" si intende indicare che il potere politico e la capacità di governo da esso espressa sono fondati su una pluralità di popoli (quindi, in greco, "*demoi*", non "*demos*", termine abitualmente associato a "*kratos*"). Si spezza, quindi, il legame tra il potere legittimo e un solo popolo, come storicamente costruito nello Stato nazione. In estrema sintesi, gli autori della letteratura sulla *European demoicracy* segnalano l'assenza di un *demos* europeo e l'impossibilità e comunque l'indesiderabilità, a differenza di Habermas e seguaci, della sua "costruzione". Quindi assumono, da un lato, l'insufficienza, non l'inutilità, dello Stato nazionale e, dall'altro, l'impraticabilità di uno Stato federale europeo. Per descrivere la *European demoicracy*, ricorriamo al testo di una delle più autorevoli esponenti di un filone sostanzialmente sconosciuto nel dibattito italiano: Kalypso Nicolaïdis, professoressa di Relazioni internazionali all'Università di Oxford, consulente di vari governi europei e delle principali istituzioni comunitarie.

> La *European demoicracy* è un Unione di *demos*, intesi come Stati e cittadini, i quali governano insieme ma non come un solo *demos*. Essa rappresenta una terza via rispetto a due alternative, entrambe le quali fanno coincidere la democrazia con un solo *demos*: in

> quanto *demoicracy* in fieri, l'Unione Europea non è né un'Unione di Stati democratici come vorrebbero i "sovranisti", né un'Unione in via di divenire uno Stato democratico, come vorrebbero i "federalisti". L'Unione Europea intesa come *demoicracy* dovrebbe rimanere un processo orientato alla composizione delle tensioni derivanti dal perseguimento di una reciproca apertura tra popoli diversi. [...] In quanto *demoicracy*, l'Unione Europea richiede ai suoi popoli non soltanto di aprirsi l'uno verso l'altro, ma di riconoscere reciprocamente i rispettivi assetti politico-istituzionali e tutto ciò che li costituisce: i rispettivi passati, i loro patti sociali, i loro sistemi politici, le loro tradizioni culturali, le loro pratiche democratiche.

L'impianto analitico della *demoicracy* consente di prospettare l'Unione Europea come comunità, piuttosto che unità: una comunità di "altri", quindi orientata nel suo percorso integrativo da una filosofia di «tolleranza costituzionale», secondo la definizione di Joseph Weiler, titolare della cattedra Jean Monnet sull'Unione Europea alla New York University Law School, presidente dell'Istituto universitario europeo di Firenze dal 2013 al 2016. Invece, scrive l'eminente studioso poco sospettabile di simpatie "sovraniste": «Il DNA della politica dell'Unione Europea sin dal suo avvio è stato il perseguimento di un'avventura messianica dove la legittimazione delle decisioni politiche deriva dal destino da realizzare, invece che dai popoli. E il messianesimo come forza di fusione amplifica le dinamiche politiche di disintegrazione e di populismo anti-europeo». Una legittimazione messianica che è esplicitata anche ne *Il Manifesto di Ventotene*, di Spinelli, Rossi e Colorni, secondo il quale l'élite costituita dal partito rivoluzionario «... attinge la visione e la sicurezza di quel che va fatto, non da una preventiva consacrazione da parte della ancora inesistente volontà popolare, ma nella sua coscienza di rappresentare le esigenze profonde della società moderna». In sintesi, con le parole del prof. Weiler, la visione della *demoicracy* «può fare fronte all'alleanza tra la logica del messianesimo delle élite e il determinismo della pressione del mercato».

La via federalista, dotata di sedi decisionali regolate dal voto a maggioranza qualificata anche sulle materie più rilevanti, come politica estera, difesa e tassazione, rimane impervia anche se percorsa, almeno inizialmente, soltanto dagli Stati fondatori della Comunità Economica Europea. È la proposta alla quale sono arrivati, di fronte ai sempre evidenti ostacoli nell'avanzata a 27, i federalisti in ragione della minore disomogeneità culturale, istituzionale ed economica tra i "pochi" soggetti costituenti individuati. Può darsi che la mia visione sia così realista da diventare pessimista, ma a me pare si continui a sottostimare la forza storica dei legami comunitari nazionali: vedo poco probabile il consenso della Francia – unico Stato dell'Unione Europea con seggio permanente al Consiglio di sicurezza dell'ONU e unico dotato di armi nucleari – a rinunciare al principio delle decisioni all'unanimità su politica estera e difesa. Va ricordato che Parigi si mise di traverso alla Comunità Europea di difesa negli anni Cinquanta e, nel 2005, in un referendum, bocciò la proposta di Costituzione europea. Valutazione analoga vale per la Germania sulle materie di finanza pubblica. Spero di essere contraddetto dall'astuzia della Storia.

Memo #6. Il protezionismo politico, sociale e ambientale

Dal realismo della visione dell'Unione Europea come *demoicracy* e del "controlimite" sociale alle libertà economiche, può derivare una duplice agenda di policy: da un lato, il programma di correzione del mercato unico europeo per fermare e invertire la deriva di svalutazione del lavoro e della democrazia costituzionale; dall'altro, il programma di avanzamento dell'integrazione, selettivo in termini di protagonisti coinvolti e policy da realizzare.

Il programma di correzione sociale del mercato unico europeo deve avere, innanzitutto, l'obiettivo di evitare l'aggravamento del *dumping* fiscale e di condizioni di lavoro. Vuol dire che l'allargamento dell'Unione Europea, dall'Ucraina ai Balcani, va fermato. La finalità geopolitica, pur condivisibile e utile, va perseguita attraverso altre modalità di associazione all'Unione Europea, a cominciare dal coinvolgimento in un forum politico (come indicato nella proposta di Emmanuel Macron ed Enrico Letta richiamata nel memo precedente). Colpisce che, a commento del ventesimo anniversario dell'euro, Romano Prodi, presidente della Commissione Europea nella fase di preparazione e di ingresso degli Stati dell'Est Europa, si dispiaccia di non averlo fatto più in fretta e continui con disinvoltura a invocare ulteriori membership portatrici di milioni di donne e uomini inevitabilmente concorrenti al ribasso delle condizioni del lavoro già così svalutate nell'Unione.

Nel merito, il programma di correzione va concentrato sulle principali direttive di attuazione dei Trattati. È anche la fondamentale raccomandazione di *policy* del citato articolo di Matthias Matthijs e Craig

Parsons su «Foreign Affairs». È evidente che la via maestra per correggerle passerebbe per la normativa primaria, ma «rimettere il dentifricio nel tubetto» (copyright Romano Prodi) è impervio sul piano politico: non soltanto per l'unanimità tra gli Stati richiesta per le modifiche, ma anche per gli interessi beneficiati dallo status quo presenti in ogni Stato membro. Le invocazioni di una Conferenza europea per la revisione dei Trattati e il superamento del diritto di veto, divenute quotidiane di fronte alle stridenti divergenze amplificate dalla guerra in Ucraina, continuano a rimuovere la dura realtà storico-politica. Vedremo gli esiti. Ma le strade realistiche da percorrere sono due. La prima è agire negli spazi interpretativi possibili nei Trattati per modificare le normative secondarie. La seconda passa per una maggiore cooperazione o integrazione tra alcuni Stati membri. Vanno percorse entrambe. Anche l'europeismo mainstream le vede e propone di imboccarle. La praticabilità della prima strada l'ha motivata Lucrezia Reichlin sul «Corriere della Sera» del 19 dicembre 2021, a commento di un lavoro di approfondimento compiuto da un pool di economisti e giuristi sulla revisione delle politiche monetarie e di bilancio: «Un modo per reimpostare la discussione sulle riforme dell'Unione è quello di ribaltarne la logica. Invece di partire dai vincoli che ci impone il Trattato, vanno definite chiaramente le riforme necessarie e poi chiedersi quale sia la base giuridica su cui si debbano fondare. [...] La nostra conclusione è che molto si può fare modificando la legislazione secondaria senza intaccare i Trattati stessi. L'ostacolo principale alla riforma economica è di natura politica, non giuridica». Giusto! Allora vanno attivati, contestualmente, mobilitazione sociale, offensiva culturale, iniziativa politica e, auspicabilmente, pronunciamenti delle Corti costituzionali, ciascuna in coerenza con la Carta fondamentale di riferimento, per ripristinare la funzione sociale dei diritti economici e di proprietà.

Qui, non entriamo sul terreno delle regole di bilancio. Sono ovviamente decisive, ma già al centro dell'agenda di politica economica e della politica. Qui, concentriamo l'attenzione sul doloroso capitolo, completamente assente dal dibattito prima ancora che dai tavoli di policy, della regolazione dei movimenti di capitali, merci, servizi e persone. È impressionante toccare con mano quanto a fondo abbia scavato l'egemonia liberista nella cultura politica ed economica. È completamente riuscita a far considerare naturale e irreversibile la vigente regolazione delle quattro sacre libertà. Anche a Sinistra, chi segue la linea "*no border*" per i migranti fa fatica a prevedere eccezioni limitative per movimenti di capitali, servizi e merci, ma non per le persone. Oramai, sono totalmente ignorati da generazioni di economisti, accademici e non, per evitare di infierire sugli operatori dell'informazione economica, anche giganti della cultura liberal-democratica come John Maynard Keynes. L'autore della *Teoria generale dell'occupazione, dell'interesse e della moneta* (Mondadori, 2019) viene solitamente citato in relazione al suo "moltiplicatore" sul PIL per motivare più spesa pubblica, ma è sconosciuto per le sue sagge posizioni – sconfitte politicamente dagli Stati Uniti a Bretton Woods nel 1944 – sulla contrarietà ai cambi fissi, sui limiti ai movimenti di capitali e, conseguentemente, sui freni al mercantilismo. Purtroppo, Keynes è stato sostanzialmente assente anche dal patrimonio di cultura politica della sinistra italiana di origine comunista e timidamente presente nella filiera socialista e cattolico sociale: le storie politiche che, per missione, sarebbero dovute esserne le principali utilizzatrici. Ma la prima aveva l'obiettivo di cambiare il "sistema", non di farlo funzionare meglio. Nelle seconde, i "keynesiani" erano minoranze. Non a caso, il più grande economista keynesiano italiano, Federico Caffè, scriveva per «il manifesto», non per «l'Unità» o per «Il Popolo» o per «La Repubblica». Nel 1982, quale testamento culturale e politico, denunciava "La solitudine del riformista" e sottolineava:

> Il riformista è anche consapevole che alla derisione di chi lo considera un impenitente tappabuchi (o, per cambiare immagine, uno che pesta l'acqua nel mortaio), si aggiunge lo scherno di chi pensa che ci sia ben poco da riformare, né ora né mai, in quanto a tutto provvede l'operare spontaneo del mercato, posto che lo si lasci agire senza inutili intralci: anche di preteso intento riformistico. Più che essere colpito dagli strali del retoricume neoliberista (sempre dello stesso stampo), il riformista avverte con maggiore malinconia le reprimende di chi gli rimprovera l'incapacità di fuoriuscire dal "sistema" (*La solitudine del riformista*, Bollati Boringhieri, 1990).

Non a caso, l'unico biografo "politico" italiano di Keynes è Giorgio La Malfa, autore di una bellissima prefazione alla raccolta di tutti i principali scritti del "rivoluzionario" economista di Cambridge per "I Meridiani" Mondadori: *Teoria generale dell'occupazione, dell'interesse e della moneta e altri scritti* (Mondadori, 2019).

Ai fini di arginare la svalutazione del lavoro, ridurre le disuguaglianze e avviare una credibile conversione ecologica, il primato della concorrenza scolpito nei Trattati va ricondotto, nella massima misura possibile, alle relazioni tra imprese, non, come ora vige, tra ordinamenti di *Welfare State*. È il punto politico decisivo. Il principio della «sovranità del consumatore», cardine dell'ideologia liberista, è un potente miraggio funzionale a lasciare tutto il potere decisionale sulla produzione in mano alla grande impresa, come già aveva evidenziato Claudio Napoleoni negli interventi su «La Rivista Trimestrale» negli anni Sessanta. Altro è, invece, la potenzialità di un movimento organizzato di consumatori in sinergia con le organizzazioni di lavoratrici e lavoratori e, possibilmente, in relazione con un'adeguata rappresentanza politica. È «votare con il portafoglio», secondo l'efficace sintesi di Leonardo Becchetti, economista tra i più impegnati sul tema. Altro è anche la declinazione del consumatore come «contributore» svolta da Mauro Magatti nel saggio richiamato nei primi memo.

Ovviamente, nell'UE, non si può procedere per iniziative unilaterali. Per raggiungere gli obiettivi, è indispensabile una paziente costruzione di un fronte comune tra intellettuali, movimenti, sindacati e soggetti politici degli Stati a welfare elevato. Quindi, la controffensiva dovrebbe partire dentro e dai partiti della sinistra di Germania, Francia, Italia, Spagna, Portogallo, Belgio, Grecia, democrazie scandinave e cercare convergenze con i partiti della destra sociale dentro e fuori la famiglia popolare per arrivare ai governi nazionali e alla Commissione Europea. È un lavoro politico impegnativo, e prima ancora è un lavoro culturale. È un lavoro politico in corso nella revisione di fondamentali Direttive europee, visibile, seppur parziale, minimale e tra numerose contraddizioni. Ma è irrinunciabile per una Sinistra orientata a fare il proprio mestiere. Senza obiettivi di completezza, segnaliamo alcuni ambiti di intervento.

La Direttiva "*Posted workers*" (n. 96/71/CE): approvata nel 1996, è stata ed è la direttiva cardine per l'applicazione dell'Atto Unico. Prevede il principio, imprescindibile per un mercato concorrenziale, della «libertà di stabilimento», articolazione della «libertà di movimento dei servizi», ossia la possibilità per un'impresa di uno Stato membro di potersi "stabilire" e poter operare in un altro Stato membro. La declinazione ultraliberista del principio, contenuta nella versione iniziale, ha previsto anche il «principio del Paese d'origine», ossia ha imposto allo Stato di destinazione di lasciar operare l'impresa arrivata con la medesima disciplina lavoristica (legislativa e contrattuale) dello Stato di provenienza. Si è quindi determinato, in particolare dopo "il successo" dell'ingresso nell'Unione Europea degli Stati ex socialisti, un devastante effetto di *dumping* sociale e fiscale. Dopo 15 anni di mobilitazioni sociali, si è giunti nel 2018 a rilevanti correzioni (Direttiva n. 2018/957/UE). Tuttavia, per i lavoratori e le lavoratrici dislocati rimangono importanti differenziazioni contrattuali, *in peius*. Ancor di più quando si tratta di lavoratori e lavoratrici dislocati di aziende sub-appaltatrici. Ad essi si applicano soltanto le componenti obbligatorie della retribuzione e rimane facoltativo l'utilizzo del contratto nazionale di lavoro di categoria. Quindi, la direttiva è ancora un fattore di svalutazione del lavoro. La proposta per arrivare alla correzione definitiva è semplice: si conferma la «libertà di stabilimento», ma si cancella il «principio del Paese di origine» e si applicano all'impresa proveniente da altro Stato membro le medesime normative, incluso il trattamento fiscale e contributivo, e il medesimo contratto nazionale di categoria applicato all'impresa indigena. Così, si fissano le condizioni per la concorrenza tra impresa e non tra quadri di welfare.

La "Direttiva Bolkestein" (n. 2006/123/CE): in Italia, è nota al grande pubblico per gli effetti, più volte faticosamente disinnescati, sulle concessioni dei tassisti, degli operatori del commercio ambulante e degli stabilimenti balneari. Ma ha una portata generale: regola la «libertà di movimento» di numerosissimi servizi alle persone e alle imprese, sebbene importanti attività economiche sono lasciate all'intervento di direttive specifiche (ad esempio, i servizi di trasporto di merci e persone, oggetto della Direttiva "*Mobility package*", approvata nel 2020: Direttiva UE/2020/1057). Qui, i nodi da affrontare sono molteplici.

Il primo, il principale, è l'insostenibilità economica e sociale di «liberi movimenti» di servizi tra Stati profondamente difformi per livello di reddito pro capite, condizioni di lavoro, retribuzioni. L'Atto Unico del 1986 abbracciava, come scritto prima, Stati con analoghi ordinamenti di welfare. Dal 2004, tuttavia, cambia radicalmente il quadro. La difesa del lavoro e la lotta alle disuguaglianze impongono, per essere credibili, l'introduzione di limiti a tale libertà, come è pure necessario introdurli alla «libertà di movimento» di lavoratrici e lavoratori. Anche qui, la competizione virtuosa deve essere sulle capacità di fare impresa, di innovare su processi, prodotti e organizzazione del lavoro. La competizione non può essere sulla pelle delle persone. Ad esempio, la gara per l'appalto per la gestione del servizio di call center va tenuta aperta alle imprese di ogni Stato dell'Unione Europea. Chi vince, però, deve stabilirsi, almeno per la durata del contratto vinto, nello Stato di residenza della stazione appaltante e, come indicato in riferimento alla Direttiva "*Posted workers*", applicare le normative e il Contratto Nazionale di Lavoro previsto nello Stato ospitante.

Il secondo nodo da sciogliere riguarda le qualifiche delle professioni. Le professioni ordinistiche sono sufficientemente protette dalla concorrenza al ribasso, in particolare dal Titolo II della «Direttiva relativa al riconoscimento delle qualifiche professionali» (n. 2005/36/CE). Non lo sono, invece, le professioni non ordinistiche per le quali si riconoscono come equivalenti titoli abilitativi costruiti su percorsi formativi spesso incomparabili. Ad esempio, è concorrenza virtuosa per le nostre guide turistiche (specializzate sul patrimonio archeologico, artistico e paesaggistico italiano e autorizzate dopo uno specifico e selettivo esame) misurarsi con operatrici e operatori abilitati nei rispettivi Stati di provenienza con diplomi di scuola secondaria superiore o corsi parauniversitari?

I servizi di trasporto, come accennato sopra, sono regolati da una Direttiva specifica: la "*Mobility package*". Dopo tre anni di pressioni da parte delle associazioni di categoria degli Stati della "vecchia Europa" e delle rispettive organizzazioni sindacali, il Parlamento europeo è arrivato a introdurre argini al *dumping* sociale determinato dai *drivers* dipendenti da aziende residenti, spesso soltanto formalmente, negli Stati dell'Est Europa. Nonostante i passi avanti, il dato strutturale delle enormi differenze in termini di costi e condizioni di lavoro (orari, riposi ecc.) continua a pesare e a determinare svalutazione del lavoro. Come per la "Bolkestein", vanno compiuti altri passi, almeno per eliminare il *dumping* fiscale e contributivo.

Il terzo nodo da affrontare nella "Direttiva Bolkestein" è conseguenza del suo art. 12, ossia del meccanismo del bando. Consideravo e considero necessarie innovazioni alle normative relative alle concessioni per il trasporto pubblico non di linea, per il commercio su suolo pubblico e, in particolare, per le concessioni balneari. Tuttavia, ritenevo e ritengo che debbano essere messe a bando le concessioni libere, aggiuntive, revocate o riconsegnate. Ma perché devono andare a bando le concessioni in essere, utilizzate nel pieno rispetto della legge e delle normative ambientali, fiscali e lavoristiche? I canoni per le concessioni balneari, in tratti pregiati di spiaggia, affollati di turisti, sono irrisori dati i profitti ottenuti o ottenibili? Si innalzano e si differenziano i canoni. Ma perché dover far saltare un'impresa, spesso a conduzione familiare, per avere canoni adeguati? Il meccanismo del bando, per costruzione, premia il più forte sul piano economico e finanziario, non il più bravo. Inoltre, segnalo che le concessioni riguardano comunque attività inserite in mercati concorrenziali: il consumatore può scegliere la compagnia di taxi da chiamare, il banco dal quale servirsi al mercato, lo stabilimento al quale andare. I primi due settori, dal 2006 – anno di introduzione della Direttiva Bolkestein –, subiscono tra l'altro la concorrenza sleale delle "piattaforme", del commercio online e degli iper-discount multinazionali. Quindi, chi è il vero beneficiario del meccanismo del bando? Gli interessi economici più forti.

Il bando vige impropriamente e dannosamente anche per affidare a gestione privatistica i monopoli naturali come le autostrade, i servizi idrici, il ciclo dei rifiuti, il trasporto pubblico locale o ferroviario, i porti e gli aeroporti. In tali attività economiche, la concorrenza non c'è. Pertanto, una volta vinto il bando, la «concorrenza per il mercato», secondo la terminologia coniata dalla teoria economica liberista, non funziona date le asimmetrie informative tra «principale» e «agente». Inevitabilmente, il monopolio pubblico diventa monopolio privato e genera rendite stratosferiche. I risultati gestionali evidenziati dalla tragica morte di 43 persone sul ponte Morandi a Genova sono soltanto la punta dell'iceberg. Condizioni analoghe si ritrovano anche negli altri monopoli naturali affidati ai privati. La concorrenza per il mercato determina, non per cattiveria di qualche manager ma per opportunità irresistibili per chi deve massimizzare la remunerazione degli azionisti e delle sue *stock options*, aumenti delle tariffe, scarsi investimenti e profitti stellari. Non a caso, in uno degli Stati leader delle privatizzazioni, ossia il Regno Unito, persino i conservatori di Boris Johnson sono stati costretti a rinazionalizzare la rete ferroviaria per la rivolta degli utenti logorati dalla caduta della qualità del servizio e dall'aumento del costo dei biglietti. Purtroppo, nonostante l'evidenza empirica, il governo Draghi a dicembre 2021 presenta un Disegno di Legge delega per la concorrenza in linea con i precetti degli anni Novanta.

Il capitolo delle direttive sui movimenti dei fattori produttivi va affiancato dal capitolo della tassazione. Si può lasciar continuare i paradisi fiscali intra-UE e nell'Eurozona dissanguare il Tesoro degli Stati a welfare strutturato? Possiamo rassegnarci a confidare nell'OCSE per poter attuare interventi correttivi minimali nella competizione fiscale distruttiva tra Stati UE e dell'area euro? Sono irrinviabili iniziative dissuasive verso gli Stati dell'Unione indisponibili a cooperare. Vanno decise la riduzione dei finanziamenti europei, l'attivazione di cooperazioni rafforzate *ad excludendum* e finanche la limitazione alle quattro sacre libertà economiche intra-UE verso chi si ostina a conservare condizioni di privilegio fiscale insostenibili e si oppone a innalzare, pur in un ragionevole arco di tempo, la tassazione effettiva dei redditi di capitale e di impresa al livello minimo necessario a preservare un decente sistema di welfare nell'Unione Europea.

La correzione profonda nella regolazione dei mercati è necessaria anche per i movimenti di capitali, merci, servizi e persone tra l'Unione Europea e le altre regioni del mondo. Le difficoltà qui si impennano. Ma l'obiettivo non è fuori dal campo dell'azione politica a condizione di fare un salto di qualità nella cooperazione tra Stati dell'Unione Europea. L'efficacia delle sanzioni contro la Russia dopo l'invasione dell'Ucraina dimostra che i mercati, anche quando sono globali, possono essere disciplinati dall'intervento politico.

Vi sono iniziative interne all'Unione Europea da intraprendere con urgenza. Come ricordato nelle pagine precedenti e come finanche riconosciuto dalla Commissione Europea con il Carbon Border Adjustment Mechanism, non puoi fissare obiettivi ambientali e lasciare "libere" le importazioni da Stati con standard minori. Vale, ovviamente, lo stesso principio per gli obiettivi sociali e di protezione e ri-valutazione del lavoro. I presunti vantaggi specifici per il consumatore non si riverberano sul lavoratore e sulla persona. Per i trattati commerciali, si devono correggere sia le procedure negoziali, segregate e segrete, sia le procedure di approvazione. Anche per i trattati senza competenze "miste" (ossia, i trattati contenenti soltanto le materie attribuite in via esclusiva alla Commissione Europea), va prevista l'approvazione da parte del Parlamento di ciascuno degli Stati membri. Va eliminata l'applicazione "provvisoria", ossia in attesa di ratifica di ciascun Parlamento nazionale, per i trattati a competenze miste. Prima la pandemia da Covid-19, poi l'aggressione della Russia all'Ucraina e la reazione "neutrale" della Cina e degli altri BRICS (acronimo in voga per identificare gli interessi convergenti di Brasile, Russia, India, Cina e Sudafrica) hanno fatto brutalmente maturare in Occidente la consapevolezza della necessità di valutare le "catene del valore", nella manifattura e nei servizi, secondo princìpi politici, non soltanto economici. *Ex malo bonum.*

In sintesi, si arriva a un punto teorico di divergenza radicale con il paradigma liberista: l'individuo consumatore è, innanzitutto, un lavoratore. Anzi, l'individuo consumatore, in una visione antropologica umanista, non esiste. L'umanesimo, secondo la bella definizione della dottrina sociale della Chiesa, è "integrale". Esiste, pertanto, la persona che, tra le sue attività vitali, consuma. L'attività di consumo non definisce, non dovrebbe definire, l'essere umano. È, dovrebbe essere, strumentale, anche se siamo stati conformati psicologicamente a farne un'attività identitaria, una condizione emotiva esistenziale: un'irresistibile possibilità di trasformare ogni desiderio in diritto, fino a ordinare un figlio su catalogo e comprarlo da una donna affittata nella sua funzione più sacra. La persona è l'epicentro dell'antropologia progressiva della Sinistra e dei movimenti cristiani. L'interesse della persona che consuma va equilibrato, subordinato, all'interesse della persona, in particolare della persona che lavora e della persona che cura la famiglia, la comunità, la natura. Ma la Sinistra ha rimosso, tra gli altri, anche Pier Paolo Pasolini e la sua critica al consumismo e all'edonismo estesi attraverso l'offensiva su diritti civili illimitati.

Oltre al versante delle correzioni sociali alle Direttive comunitarie, la montagna politica europea da scalare ha il versante del programma di avanzamento della cooperazione e dell'integrazione, selettivo in termini di protagonisti coinvolti e policy da realizzare. È la seconda strada da percorrere, non in alternativa ma insieme alla prima. I protagonisti non possono che essere, almeno in una fase iniziale, i principali

Stati fondatori della Comunità Europea del Carbone e dell'Acciaio, quindi Germania, Francia e Italia, ai quali si deve associare la Spagna: un nucleo "naturalmente" attrattivo di altri Stati. Un nucleo che potrebbe procedere, come abbiamo anticipato più sopra, secondo la visione della *demoicracy*: una strada né confederale né federale, da percorrere senza dare per scontata, come invece avviene nelle proposte dei "federalisti", l'eliminazione del diritto di veto in conseguenza del numero ridotto e dei profili meno disomogenei degli Stati coinvolti.

In sintesi, su alcuni capitoli essenziali, va moltiplicato l'impegno per un avanzamento dell'Unione Europea non necessariamente nelle modalità formalizzate dalle norme per le cooperazioni rafforzate. L'obiettivo non è arrivare a una velleitaria "sovranità europea" in grado di contendere il primato geopolitico globale agli Stati Uniti o alla Cina, in particolare in campo militare. L'obiettivo dovrebbe essere la praticabilità politica di un atlantismo adulto e l'edificazione di una cooperazione sovranazionale utile a difendere efficacemente l'identità culturale e sociale europea. Qui, le mete da raggiungere sono state illuminate e rese ancora più urgenti dalla guerra in Ucraina: la politica estera condivisa e la conseguente difesa militare e sicurezza informatica per tutelare gli interessi strategici comuni; la protezione fiscale dagli attori intra ed extra Unione Europa per fermare la sottrazione di Stato sociale e ri-animarne le funzioni imprescindibili per una democrazia fondata sul lavoro; la regolazione delle *mega social media company*, cruciali per la qualità del discorso pubblico e della democrazia effettiva; l'energia e l'innovazione tecnologica, ulteriori condizioni necessarie per l'autonomia politica; la conversione ecologica, requisito di sopravvivenza; la cooperazione internazionale e la limitazione delle migrazioni per restare umani.

In conclusione, una realistica rotta da tracciare e percorrere è indicata da Michael Bröning, direttore della Friedrich-Ebert-Stiftung a New York, braccio USA della fondazione di cultura politica legata alla SPD tedesca, autore, da ultimo, di *Lob der Nation. Warum wir den Nationalstaat nicht der Rechtspopulisten überlassen dürfen* (Dietz-Verlag, 2018) – 'Lode alla Nazione. Perché non possiamo lasciare lo Stato nazionale ai populisti di destra' (ringrazio Alfredo D'Attorre per la segnalazione). Bröning prescrive: «Un'Europa confederata che si concentri sull'approfondimento di alcune politiche, ma allo stesso tempo sul rafforzamento delle opzioni nazionali». Nella visione del dirigente socialdemocratico, la nazione non è reliquia dei tempi passati e lo Stato-nazione non è la strada sbagliata. Al contrario, sostiene: «Stato e nazione sono modelli di successo in tutto il mondo». Il suo appello per la riabilitazione della nazione è rivolto, in particolare, alle forze progressiste, le quali

> hanno bisogno di fare pace con lo Stato nazionale, da intendere non come un carro etnicamente omogeneo, ma come base di un'Europa forte in un mondo multipolare. Invece di combattere l'idea della nazione come "falsa coscienza", dovrebbe essere accettata come identità centrale e rafforzata come fondamento della partecipazione, della giustizia e della solidarietà. [...] Partecipazione, giustizia sociale, contenimento del capitalismo illimitato e multilateralismo efficace: niente di tutto questo può funzionare **contro, ma solo** con, lo Stato nazionale. Allo stesso tempo, la si**nistra politica** ha sempre avuto successo quando ha unito la sua **orgogliosa eredità** di internazionalismo con un chiaro impegno per **la nazione**.

L'analisi di Bröning aiuta a spiegare la decisione presa a marzo 2022 dal governo tedesco, guidato dal socialdemocratico Scholz, per un riarmo unilaterale con l'allocazione di 100 miliardi di euro al potenziamento delle capacità militari della Germania.

L'imprescindibilità della nazione e, aggiungo, dell'amore di patria a fondamento di una vocazione internazionalista non è una posizione innovativa per la Sinistra. Infatti, la Sinistra, in particolare il PCI e il PSI, contribuì attivamente a scolpirli nella nostra Costituzione con un'enfasi spirituale sorprendente per il lettore imbevuto della cultura progressista degli ultimi decenni. Ricordo che all'articolo 67 della nostra Carta fondativa è scritto: «Ogni membro del Parlamento rappresenta la Nazione...». Prima, l'articolo 52 intima: «La difesa della Patria è sacro dovere del cittadino». Da notare, oltre all'utilizzo della maiuscola per il termine "patria", come per il termine "Nazione" sempre nel testo, soprattutto la qualifica della difesa della Patria non soltanto come «dovere» ma «sacro dovere». L'articolo 52 è l'unico dell'intera opera nel quale i Costituenti spendono un aggettivo di portata trascendentale, in evidente richiamo ai sentimenti risorgimentali. Insomma, è il ritorno alla cultura politica caratterizzante la sinistra storica fino al '68. Ricordo che la rivista dell'ANPI, l'Associazione Nazionale dei Partigiani Italiani, ancora porta il nome di «Patria indipendente». Riporto anche alcuni passaggi di Palmiro Togliatti, su «Rinascita» del luglio-agosto 1945:

> Assai spesso, i nemici dei lavoratori tentano di contestare il patriottismo dei comunisti e dei socialisti, invocando il loro internazionalismo e presentandolo come una manifestazione di cosmopolitismo, di indifferenza e di disprezzo per la patria. Anche questa è una calunnia. [...] Lottando sotto la bandiera della solidarietà internazionale dei lavoratori, i comunisti di ogni singolo Paese [...] stanno solidamente sul terreno nazionale. Il comunismo non contrappone ma raccorda e unisce il patriottismo e l'internazionalismo [...]. È ridicolo pensare che la classe operaia possa staccarsi, scindersi dalla nazione.

Non a caso, nel simbolo del Partito Comunista Italiano la bandiera rossa con falce e martello poggiava sul Tricolore.

In sintesi, l'europeismo consapevole costruisce l'integrazione europea come concerto di comunità nazionali, secondo la visione della *demoicracy*, non come loro annullamento. Per tale ragione, è stato un errore culturale e politico il messaggio veicolato al funerale di Stato per il compianto amico David Sassoli: nella solenne cerimonia nella chiesa di Santa Maria degli Angeli a Roma, trasmessa in diretta televisiva, avvolgere la bara del presidente del Parlamento di Strasburgo soltanto con la bandiera dell'Unione Europea, senza la bandiera italiana, ha voluto dire che, per essere un europeista DOC, devi perdere le tue radici nazionali. Al contrario, soltanto un movimento imperniato sulla nazione, espressa dalla visione di patria, di Repubblica e di Stato scritta nella Costituzione, può correggere ed estendere l'integrazione europea.

Memo #7. L'alleanza sociale

Da quanto scritto nei memo precedenti, dovrebbero essere identificabili, sulla mappa sociale, i soggetti con i quali e per i quali la Sinistra dovrebbe fare il suo mestiere. I riferimenti primari dovrebbero essere lavoratrici e lavoratori dell'arcipelago della subordinazione descritto nel memo #2. Quindi, lavoratrici e lavoratori alle dipendenze: da quelli più poveri nei servizi in subappalto, nella logistica, nella raccolta nei campi, a quelli più "ricchi", ossia le figure professionali "intermedie" delle aziende manifatturiere a maggior valore aggiunto, della comunicazione, dell'informazione e della cultura, della finanza, delle pubbliche amministrazioni. Nella difficile cucitura delle variegate posizioni dipendenti, giocano una funzione decisiva le organizzazioni sindacali con le quali va condiviso, senza nessuna pretesa di incidere nella loro autonomia, il progetto di ricostruire una Sinistra capace di fare il suo mestiere. Non dovrebbe essere impossibile aprire la discussione con la classe dirigente sindacale, data la sua consapevolezza della rilevanza di un'adeguata rappresentanza politica e istituzionale del lavoro dipendente.

In tale percorso, andrebbe anche verificata la disponibilità dell'universo cooperativo, in parte completamente e irreversibilmente omologato all'impresa capitalistica, in parte ancora reminiscente delle origini umaniste e lavoriste. In quest'ultimo segmento, si rintracciano anche associazioni di rappresentanza impegnate in un intenso lavoro culturale, spesso in riferimento alla dottrina sociale della Chiesa, per salvaguardare un ecosistema economico e finanziario plurale, per resistere all'omologazione imprenditoriale, per difendere i territori e l'economia reale, per sostenere la politica a superare la condizione ancillare verso l'economia. In sintesi, per rimettere al centro la persona, il lavoratore e l'imprenditore, non il consumatore a copertura dell'azionista amorale.

L'alleanza va anche cucita, in una relazione di pari dignità sociale, con e per il lavoro autonomo e professionale sostanzialmente subordinato. Deve includere: le partite IVA proletarizzate delle "piattaforme" e della conoscenza; le partite IVA e le micro-attività produttive senza potere di mercato nell'ICT; i laboratori artigiani costretti al giogo delle grandi aziende industriali "finaliste"; le aziende agricole soffocate dalla grande distribuzione. Qui, il rapporto con le rispettive associazioni di categoria è più difficile per numerose ragioni. In primo luogo, soprattutto nella galassia delle "nuove" attività, la rappresentanza è debole e frammentata o, finanche, assente. Inoltre, nell'ambito dei servizi tradizionali, dalla ristorazione al commercio ambulante, diventa sempre più chiara la difficoltà delle centrali di rappresentanza storiche a farsi carico delle fasce più in sofferenza. Purtroppo, dove le rappresentanze esistono e funzionano vi è una radicata diffidenza tra le fasce del lavoro formalmente autonomo e professionale, da una parte, e la Sinistra e, più in generale, la rappresentanza sociale del lavoro dipendente, dall'altra. Non è un dato genetico: nella prima parte della vita dell'Italia repubblicana, i partiti di riferimento del movimento operaio, comunisti e socialisti, avevano anche associazioni sinergiche, magari non maggioritarie, ma significative in termini di rappresentanza, tra commercianti, artigiani, coltivatori diretti. Poi, a partire dalla fine degli anni Settanta, i legami si sono logorati fino a rompersi e ribaltarsi in rapporti antagonistici. La causa è stata duplice: da un lato, la deriva suprematista morale e culturale della Sinistra benestante e perbene, indisponibile a sporcarsi le mani con il fango dell'evasione di sopravvivenza, orientata contro "i piccoli" dal modernismo omologante di matrice anglosassone, concentrata sui diritti del consumatore e in continuo allontanamento dai produttori, ad eccezione dei lavoratori e delle lavoratrici pubbliche o dipendenti delle grandi aziende; dall'altro, il delirio del "fai da te" familistico e amorale, derivante dall'arricchimento delle classi medie del lavoro autonomo e professionale, nella temperie liberista del taglio di lacci e lacciuoli come soluzione magica per "vincere".

Per ritessere le relazioni con l'universo del lavoro autonomo e professionale, la prima mossa, a carico innanzitutto della Sinistra e delle rappresentanze del lavoro dipendente, sarebbe la rottura dello stereotipo bipolare evasore da una parte e onesto dall'altra. Dovremmo, innanzitutto, riconoscere la "fase" in corso, dominata dalla grande distribuzione troppo diffusa, dall'e-commerce residente nei paradisi fiscali, dalle "piattaforme" per la mobilità individuale. Quindi, dovremmo rilevare l'"evasione di sopravvivenza" non come dato morale, ma come costrizione economica, da affrontare con adeguate politiche fiscali e industriali, non con la Guardia di Finanza. Da viceministro dell'Economia e delle Finanze del governo Letta, nel luglio del 2013, evidenziai tale dato di realtà. Le reazioni della Sinistra, politica e sindacale, furono piuttosto indignate. Da allora, però, si sono fatti passi avanti, da ultimo con l'"Assegno unico per i figli" e la cosiddetta "riforma dell'Irpef" introdotta dalla legge di bilancio per il 2022.

Per il vasto e contraddittorio fronte delle associazioni di rappresentanza dei professionisti, sia "ordiniste" che non ordiniste, l'attenzione va rivolta alle generazioni più giovani. Per loro, senza eredità familiare di clienti e relazioni da coltivare, il "mercato" è avaro e vessatorio e i compensi sono miseri, oltre che gravati da onerose "Casse" previdenziali. Sono i proletari della conoscenza.

Nell'offensiva per coalizzare e dare soggettività politica al lavoro subordinato sebbene formalmente autonomo, va anche rilevato che, per una variegata giostra di lavoratori e lavoratrici legati alle piattaforme, non esistono robuste associazioni di categoria con le quali dialogare. Il percorso di sindacalizzazione è agli albori, abilmente contrastato dal paternalismo aziendale e dalla retorica dell'imprenditore di se stesso. Qui, le organizzazioni di categorie limitrofe possono svolgere una funzione chiave nella tessitura della disperazione e della rabbia individuali. Ma è chiaro che i messaggi diretti e l'attenzione della Sinistra politica sono fondamentali. Anche qui, si sono raggiunti obiettivi significativi, innanzitutto per i "*riders*".

L'alleanza sociale deve avere tra i protagonisti le associazioni del "Terzo settore". È una realtà enorme e ramificata, estremamente varia sia per settore di attività, sia per livello di organizzazione, sia per articolazione territoriale. Alle grandi associazioni storiche e nazionali, dall'ARCI alle ACLI, da Legambiente a Italia Nostra, si affiancano associazioni "mature", come Libera di Don Ciotti, ed esperienze giovani e locali, come Baobab Experience per il soccorso dei migranti "transitanti" a Roma. Sono, spesso, l'unica presenza nelle periferie sociali e tra "gli scarti umani". È un patrimonio di valore morale e professionale inestimabile.

Da includere nell'alleanza sociale sono anche i movimenti, intesi non come aggregazioni oceaniche e congiunturali, ma come esperienze consolidate e auto-organizzate di numeri limitati, impegnati su "*single issue*": dal diritto all'abitare all'accoglienza dei rifugiati; dall'assistenza alimentare ai cosiddetti beni comuni, in particolare l'acqua e l'ambiente naturale. Sono iniziative informali, spesso introverse, ossia finalizzate ad auto-segregarsi, oltre che ad auto-organizzarsi, da un "fuori" ritenuto incorreggibile a causa delle miserie della politica. Tuttavia, con la politica intrattengono rapporti negoziali, di scambio, anche in termini di voti, per garantirsi la conservazione degli spazi fisici di aggregazione e di vita "a parte". A loro va proposto un progetto generale.

Infine, ma certo non ultimo, nella costruzione dell'alleanza sociale si deve investire nelle generazioni più giovani. Con queste ultime, il dialogo sistematico va intessuto non soltanto in riferimento alle loro condizioni sociali, ma sul discrimine ambientale, in quanto classe in sé da aiutare a divenire classe per sé. È decisivo promuovere un patto affinché possano guidare, insieme alle rappresentanze del lavoro subordinato e del welfare sussidiario, l'imbrigliamento del mercato al fine di avviare la conversione ecologica e sociale. Va colto il tratto distintivo del loro impegno collettivo: nasce, non potrebbe essere altrimenti alla luce del contesto culturale e morale delle loro biografie, dalla preoccupazione di sé, dall'istinto di sopravvivenza individuale, piuttosto che da sentimenti di solidarietà verso cause giuste, vicine o remote. Il loro futuro individuale, prima ancora che collettivo, è in gioco. Ma la portata della sfida rende intuitivamente impraticabile la via individualistica alla salvezza personale, come da mainstream liberista. Anche per i più "forti", il meccanismo premiale ma entropico del mercato è il problema, non la soluzione. Si impone la dimensione collettiva. Insomma, siamo, potenzialmente, di fronte a una formidabile leva di trasformazione sistemica.

Qui, il lavoro politico può essere affrontato soltanto a partire dalla consapevolezza delle imprescindibili discontinuità di linguaggio, di forme della comunicazione e, più in radice, di forme della politica da coniugare con la precarietà della quotidianità, non soltanto del lavoro. Le forme del Novecento sono inservibili, come pure è inservibile la versione degenerata lideristica e "social". È un cimento enorme al quale dedicare ricerca scientifica e sperimentazione organizzativa, e quindi risorse economiche da attivare attraverso la revisione dei meccanismi di finanziamento della politica. I protagonisti del patto politico devono essere i diretti e le dirette interessati, caricati di responsabilità effettive, senza improvvisazioni e strumentali giovanilismi (il voto ai sedicenni; le quote riservate ai giovani, generalmente cooptati dai "capibastone", nelle liste e negli organismi dirigenti), ma attraverso selezioni sul campo dei movimenti e del conflitto sociale e politico. Negli ultimi anni, di fronte all'aggravamento dell'emergenza climatica, sono emerse figure di grande impatto emotivo e comunicativo, globali e locali, in grado di alimentare ondate di partecipazione e reti carsiche, come, tra gli altri, i Fridays for Future e gli Extinction Rebellion. La sfida è utilizzare la loro energia di cambiamento progressivo e le loro leadership per dare orientamento morale, competenze tecniche e forza politica all'alleanza sociale.

Da ultimo, ma è snodo decisivo, la Sinistra deve misurarsi con l'urgenza di un adeguato assetto istituzionale della nostra Repubblica. Non è una questione tecnica. È essenzialmente culturale e politica. Il funzionamento del nostro regime parlamentare è sempre più virtuale. Lo stato di emergenza, introdotto per affrontare la pandemia da Covid-19, ha soltanto accelerato e approfondito un processo in corso da tempo: da una parte, lo scivolamento del potere legislativo verso l'esecutivo; dall'altra, la mutilazione di fatto del bicameralismo, divenuto monocameralismo alternato. Alla marginalizzazione del Parlamento, di cui il taglio dei seggi è conseguenza, non causa, si accompagna il "fai da te" delle Regioni: è l'effetto, sempre più pericoloso per l'unità della nazione, della sciagurata "riforma" del Titolo V della Costituzione, di cui la Sinistra non si pentirà mai abbastanza.

La deriva in corso è anche, anzi in larga misura, il frutto malato di un trentennio di impoverimento morale, culturale, finanziario e organizzativo dei partiti, sia in termini di visioni e programmi, sia in termini di formazione e selezione delle classi dirigenti. Un processo degenerativo evidente anche nella continua revisione della legge elettorale a "colpi di maggioranza" e finanche con i "voti di fiducia" nel tentativo di puntellare leadership in difficoltà e, nei casi più nobili, di dare stabilità all'esecutivo illusi di aggirare i nodi politici. È un'involuzione in atto in tutte le democrazie, ma in Italia ha intensità di gran lunga maggiore: per varie cause, a cominciare da "Tangentopoli", in scia alla caduta del Muro di Berlino e alla storica scarsa tolleranza per la democrazia costituzionale animata dai partiti, espressa da una parte larga della nostra borghesia, attiva anche attraverso i suoi media.

In sintesi e senza entrare nel merito, è urgente un riassetto istituzionale. Senza visioni palingenetiche e politiciste. La tanto denunciata "crisi di rappresentanza" del sistema democratico è, in realtà, una crisi di efficacia: non riusciamo più a rappresentare perché non riusciamo più a migliorare le condizioni materiali di vita dei rappresentati. L'impianto istituzionale aiuta, ma non risolve il deficit di potere della Politica: un deficit che si può ridurre soltanto attraverso la costruzione di argini sociali e ambientali al mercato, ossia ai movimenti di capitali, merci, servizi e persone, come motivato nei memo precedenti.

Per arrivare alla revisione della Costituzione necessaria a ridefinire l'assetto istituzionale, si deve condividere una premessa politica, anzi si deve compiere, ciascuno per la propria metà del campo, una esplicita e definitiva maturazione politica: il riconoscimento reciproco tra destra e sinistra, centrodestra e centrosinistra, o alleanza progressista, per ricorrere al termine inclusivo del M5S. Dovrebbe essere scontato, ma non lo è. Non lo è stato nella cosiddetta "Prima Repubblica", non lo è stato nella "Seconda Repubblica", non lo è ancora oggi. Massimo D'Alema nel 1996 aveva fatto un lungimirante tentativo, ma sia il berlusconismo anticomunista che l'anti-berlusconismo della sinistra erano troppo forti per arrivare a meta. La de-legittimazione reciproca è stata il principale tratto d'identità del nostro forzato e malato bipolarismo. L'irruzione in chiave anti-sistema e anti-politica del Movimento 5 Stelle ha aggravato il quadro.

La XVIII legislatura, prima con il governo Conte I, poi con il Conte II ha costretto tutti a fare passi avanti verso il riconoscimento reciproco. Ma la meta rimane lontana. Così, è dovuto intervenire il Quirinale, a febbraio 2021, con una soluzione "tecnica", la quarta in trent'anni – unico caso nel panorama delle democrazie consolidate –, a farsi carico del fallimento della politica. Nonostante l'occasione offerta dal governo Draghi, si va avanti a fatica, come evidenziato dalla difficoltà a trovare una personalità condivisa per la successione al presidente Mattarella. La delegittimazione dell'avversario è la strada più facile rispetto al cammino impervio di definire in positivo e in chiave distintiva la propria identità culturale e politica. A sinistra, l'insistenza sull'impresentabilità internazionale ed europea della destra italiana, sul suo incorreggibile difetto di europeismo DOC, sui suoi pericolosi residui di fascismo è il viatico per ritagliarsi una rendita di posizione governista: o noi o l'espulsione dell'Italia dal consesso democratico e la catastrofe economica. A destra, si innalzano i vessilli esclusivi ed escludenti dei "patrioti" contro "i sinistri" traditori dell'Italia, svenduta ai tedeschi e alle banche internazionali, per farsi unici rappresentanti del popolo invocato in chiave anti-élite mondialiste, immigrazioniste, senza Dio.

Le tragedie inflitte dalla guerra in Ucraina potrebbero almeno servire al definitivo superamento, a sinistra, dell'handicap sistemico della nostra democrazia: la netta posizione atlantista di Fratelli d'Italia, la sua partecipazione allo schieramento delle liberal-democrazie contrapposto alla schiera dei regimi autoritari, rendono difficile per il campo progressista ripetere lo schema del "pericolo fascista". Tuttavia, il percorso di normalizzazione democratica potrebbe bloccarsi di fronte al tentativo di resuscitare il defunto "Fattore K" nelle sembianze di "Fattore Z" (la lettera usata dall'esercito russo per identificare la sua "missione" in Ucraina): la *conventio ad excludendum*, secondo i vigilanti nostrani dell'atlantismo DOC, ora dovrebbe esercitarsi verso chi, in nome dell'interesse nazionale e dei lavoratori, esprime dubbi sugli obiettivi politici degli Stati Uniti nel sostegno militare a Kiev. I dubbiosi sono classificati come "putiniani" di fatto, "*unfit*", inaffidabili per il governo dell'Italia. Con il pronunciamento del Senato il 20 luglio 2022, sul rinnovo del "patto di fiducia" con il presidente Draghi, si è drammaticamente tornati indietro lungo il percorso di normalizzazione democratica e di maturazione politica: i disertori dell'ultima "fiducia" della XVIII legislatura, FdI, Lega, Forza Italia e anche il M5S, sono stati ammucchiati tutti indistintamente nell'"area Putin", il confino dei sovranisti e dei populisti, in contrapposizione all'"area Draghi", contenitore degli atlantisti e degli europeisti (copyright Matteo Renzi, interprete della impostazione seguita anche dal PD). Un'impostazione dannosa per l'interesse nazionale e finanche stupida a fini elettorali, mortificante della sedicente migliore classe dirigente.

Per generare un riassetto istituzionale condiviso, stabile ed efficace, è quindi decisivo riconoscersi. Soltanto a partire da qui, poi, può derivare la legittimità delle proposte di revisione costituzionale espresse da ciascun protagonista, ovviamente coerenti con i capisaldi della Carta.

Il punto più delicato delle "riforme istituzionali" è il rapporto tra potere esecutivo e legislativo. Sul tavolo vanno valutate tutte le soluzioni, pur agli antipodi tra loro: dal presidenzialismo al semi-presidenzialismo, al rafforzamento del parlamentarismo. Nessuna soluzione va demonizzata quando definita con un corredo coerente di pesi e contrappesi. Ciascuna proposta va, invece, valutata nel quadro delle specificità morali, culturali, sociali e istituzionali dell'Italia e in riferimento alla funzione dell'esecutivo, oggettivamente potenziata dall'interdipendenza economica, dalla velocità delle interazioni digitali, dalla portata dei flussi finanziari e comunicativi mobilitati in tempo reale e, non ultimo, dai meccanismi decisionali dell'Unione Europea incardinati sul Consiglio dei capi di Stato e di governo. Non devono esserci tabù indiscutibili: senza una profonda ristrutturazione della Repubblica parlamentare e senza il risanamento morale, intellettuale e organizzativo di grandi partiti articolati su identità distintive, una forma di semi-presidenzialismo ben bilanciata potrebbe essere il "male minore".

Un dato comunque dovrebbe essere chiaro: per rigenerare la forma parlamentare della nostra Repubblica, due condizioni sono imprescindibili. In primo luogo, va superato il bicameralismo perfetto: le Camere vanno "specializzate", come sono specializzati i sistemi di rappresentanza in tutte le democrazie con impianto bicamerale, dove in genere la Camera svolge l'attività legislativa ordinaria e il Senato rappresenta gli enti territoriali dotati di funzioni legislative. In secondo luogo, vanno ricostruiti i partiti, secondo quanto previsto dalla nostra Costituzione, anche attraverso il finanziamento pubblico, in particolare per i servizi e la logistica per le attività politiche. A completare il riassetto politico-istituzionale, è utile una legge elettorale proporzionale con una significativa soglia di sbarramento, un adeguato "diritto di tribuna" e le preferenze per la scelta dell'eligendo: dopo la riduzione di un terzo del numero di deputati e senatori, qualunque meccanismo maggioritario sacrificherebbe pesantemente la rappresentanza di partiti piccoli e autonomi dalle principali coalizioni oppure incentiverebbe la composizione di coalizioni ancora più sgangherate di quelle degli ultimi dieci anni.

Infine, intimamente connessa alla soluzione per la forma di governo è la revisione dei poteri e delle funzioni attribuite agli enti territoriali. È difficile tornare indietro, dopo l'improvvisato e strumentale intervento del 2001 sul Titolo V della Costituzione, ma almeno su materie decisive per i diritti fondamentali, come la Sanità, va riportata allo Stato la competenza organizzativa generale, mentre va eliminato l'insieme vasto e conflittuale delle "competenze condivise" con la ri-centralizzazione delle politiche infrastrutturali e dell'energia. A tal fine, va rimarcato un punto politico decisivo: l'autonomia differenziata («la secessione dei ricchi», secondo la felice formula di Gianfranco Viesti) determinerebbe la fine sostanziale dell'unità nazionale e l'inevitabile assoggettamento della "Padania" all'asse franco-tedesco. Per disinnescare la tagliola, anche qui va abbandonato il terreno morale: il presunto egoismo padano. Ne vanno, invece, lette le cause strutturali. L'autonomia differenziata è la via intrapresa dalle Regioni più forti per forzare il "vincolo interno", ossia la solidarietà fiscale tra territori, dato un "vincolo esterno" sempre più stringente e assunto come immodificabile. In altri termini, senza arginare la pressione al ribasso dovuta al *dumping* sociale e fiscale alimentati dal mercato unico europeo, è velleitario puntare a resistere all'offensiva "federalista" attraverso un astratto richiamo ai doveri costituzionali e all'unità della Repubblica.

Memo #8. La Storia da scrivere per il neo-umanesimo laburista e ambientalista

In conclusione, l'ordine economico, sociale e politico marcato dall'assolutizzazione delle quattro sacre libertà era già inadeguato prima del Covid-19 e dell'aggressione russa all'Ucraina. Pandemia e guerra a Kiev hanno acuito, non determinato, l'urgenza di cambio di paradigma per costruire con realismo la pace, arrestare la svalutazione del lavoro, ridurre le disuguaglianze sempre più laceranti e portare avanti la conversione ambientale.

Siamo all'incrocio, pericoloso, di tre strade: la prima è la strada percorsa negli ultimi trent'anni, con sempre più incidenti e sempre più gravi; la seconda e la terza sono deviazioni verso destra e verso sinistra. La strada inerziale implica l'ulteriore svuotamento della democrazia: si consolida una democrazia elitaria ed escludente, un liberismo autoritario, dove la caduta della partecipazione al voto non soltanto non è contrastata, ma è attivamente promossa, come ha ben sottolineato, tra gli altri, Nadia Urbinati nei suoi ultimi scritti. In tale quadro, la difesa militare rimane, al di la del *quantum* di risorse economiche ad essa dedicate, senza autonomia degli Stati *core* dell'Unione Europea in ambito NATO. Le politiche macroeconomiche si confermano fuori dal gioco politico, come già in larga parte imposto dall'impianto neoliberista dei Trattati europei: dalle politiche monetarie affidate a banche centrali "indipendenti" alle politiche di bilancio presidiate dalle grandi corporation finanziarie attraverso i mercati dei titoli ancora ridicolmente definiti "sovrani", alle politiche di regolazione dei movimenti di merci e servizi affidate alla tecnocrazia della Commissione Europea. In sintesi: "*There Is No Alternative*". Quindi, la guida politica per continuare a percorrere la strada nota può essere sia di sinistra che di destra. Lo scontro rimane ben circoscritto alle questioni valoriali, culturali e identitarie: maternità surrogata, matrimoni gay, identità sessuale, eutanasia, aborto, migrazioni. "*Culture wars*", perdenti per la Sinistra anche sul versante elettorale, comunque sostanzialmente innocue per gli interessi più forti. La politica, ancella dell'economia, non può fare altro. Si torna a società castali. È il futuro distopico così ben illustrato, ad esempio, dal film *Elysium* di Neill Blomkamp.

La deviazione a destra, imposta da una destra nazionalista e sociale indisponibile ad essere cooptata nei salotti buoni di Washington e Bruxelles (esiste?) o comunque trattenuta dalla sofferenza economica catalizzata dai social, conduce alla rottura traumatica dell'ordine atlantico e liberista. Estende la de-globalizzazione accelerata dal Covid-19 e dalla guerra all'Ucraina e nutre una deriva autarchica e isolazionista. È, senza esagerazioni eccessive, la linea del presidente Trump sublimata dall'assalto al Congresso degli Stati Uniti il 6 gennaio 2020 e incombente per le "presidenziali" del novembre 2024. Il futuro distopico qui si vede nelle immagini di *The Joker*, la cui maschera copriva la faccia dei Vigili del Fuoco in protesta insieme ai Gilets Jaunes nel centro di Parigi nel 2019.

La deviazione a sinistra è la manovra più difficile da compiere. Si va verso la democrazia costituzionale, l'articolo 1 della nostra Costituzione e la *demoicracy* europea, inclusa l'area della difesa comune. Le tappe le abbiamo descritte nelle pagine precedenti. Per sterzare, la Sinistra deve re-imparare e tornare a fare, con realismo, il suo mestiere. Ma senza l'alleanza sociale descritta prima è impossibile. Qui, il riferimento cinematografico è... Qual è? Servirebbe un finale alternativo nei film di Ken Loach.

Insomma, non so se "la vecchia talpa" continua a scavare. Ma, dopo il Covid-19 e la guerra all'Ucraina, è innegabile: la Storia non è finita nel 1989. Non finisce neanche oggi. Non possiamo, non vogliamo, rassegnarci all'alternativa tra globalismo e nazionalismo, tra Macron e Le Pen: il lavoro sarebbe comunque povero di dignità e di soggettività politica, prima che di valore sociale ed economico. La via innovativa, plurale e unitaria intrapresa da Jean-Luc Mélenchon alla guida de La France Insoumise, pur segnata da posizioni irrisolte e contraddizioni, è promettente come sono stati e sono interessanti i governi delle sinistre in Portogallo e Spagna.

Le condizioni sociali spiaggiate dall'ordine mercatista sono molteplici e variegate, frammentate e sparse. Sono riconoscibili anche nelle categorie un tempo al calduccio e tra le classi medie. Il mercato doveva essere servo, ma è diventato padrone. Senza guida della Politica, il mercato nega la dignità al lavoro e mette a rischio non soltanto la pace, ma la sopravvivenza anche della natura e della specie umana. Il mestiere della Sinistra è ricomporre i frammenti sparsi in un'alleanza sociale con un programma nazionale e sovranazionale credibile per la riconquista del primato della Politica sull'Economia, per la pace, per il governo dei mercati, per la centralità della persona, per la dignità del lavoro, per la salvezza nostra e del pianeta. Un neo-umanesimo laburista e ambientalista. Lo sviluppo umano integrale.

Commento

di Mario Tronti

Questo è un libro da leggere con la matita, segnando i passi, marcando gli argomenti, trattenendo le dimostrazioni. Perché sia il lavoro dell'analisi, sia la proposta di prospettiva sono elaborate e documentate con un corretto grado di realismo. Non c'è posto qui né per astrattezze teoriche né per rivendicazioni ideologiche. È il modo più utile ed efficace per ricordare alla Sinistra di oggi qual è il suo mestiere, nella stretta contingenza della politica e, direi, nella lunga durata della Storia.

Spero che a partire da un tipo di ricerca prospettica come questa si possa aprire una discussione, capace di andare al fondo di seri problemi ormai da molto tempo tanto presenti quanto rimossi. Non voglio fare una presentazione formale del complesso discorso che si snoda in queste pagine. Entro nella discussione considerandola già aperta da questo libro.

Stefano Fassina ci presenta sette memo di analisi e proposte da mettere in agenda per il pensare e il fare in quello che dovrebbe essere, appunto, il mestiere della Sinistra. Non so se c'è una gerarchia, di necessità e urgenza, in questo susseguirsi di proposte e analisi. Mi convince molto il fatto che il punto di partenza venga individuato nel tema e problema del lavoro. Anzi, nel tema del lavoro come "bussola" per la navigazione politica della Sinistra. Nell'aver smarrito questo strumento di orientamento viene vista la causa prima dell'attuale irriconoscibilità sociale della Sinistra. E quando si dice lavoro, in questa forma di società, si dice, si deve dire conflitto. È un punto discriminante, da mettere in evidenza. Perché qui c'è da rendere visibile quello che non si vuol far vedere. La scomposizione delle grandi classi non ha messo fine alla lotta di classe. Se nella società a centralità dell'industria, e soprattutto della grande industria, il conflitto di lavoro si esprimeva e si rappresentava in una più che evidente forma dicotomica, nella società cosiddetta postindustriale, comunque la si voglia chiamare, ordoliberale, mercatista, economicamente e finanziariamente globalizzata, il conflitto di lavoro, che è sempre lotta di classe, si frantuma, ma non scompare, si esprime in altre forme, ma non perde di materialità.

È accaduto che mentre il Capitale si unificava sempre più a livello mondiale, secondo la sua vocazione storica, non è accaduto che il lavoro sempre più si unificasse internazionalmente, secondo la sua di vocazione storica antagonista. Di qui, uno spaventoso squilibrio nel rapporto di forza, che è il vero *actus tragicus* della storia contemporanea, da cui tutto il resto forse discende. Il sistema capitalistico è ben vivo, malgrado i non pochi acciacchi della vecchiaia, il movimento operaio è malamente morto e per la sua eredità non ha lasciato successori. Questa è la condizione oggettiva in cui si trova chi soggettivamente si propone di voler correggere l'attuale stato delle cose, a favore di quello che ormai è un pluriverso di lavoro. E da qui occorre partire per qualsiasi considerazione a riguardo del mestiere della Sinistra. Ripeto: questo libro lo fa correttamente, perché intende farlo realisticamente.

Una citazione a prova:

> Si sarebbe potuto mettere il lavoro al centro del PNRR. Ma in Parlamento è sostanzialmente assente la cultura politica necessaria a raggiungere l'obiettivo. […] Il riconoscimento della differenza di interessi in campo economico e sociale e dell'asimmetria della forza contrattuale tra chi domanda lavoro e chi cerca lavoro è la prima tappa da conquistare per re-imparare il mestiere della Sinistra. Perché il lavoro è merce, ma dovrebbe essere una merce speciale, non come le altre. È una lezione difficile da assimilare sul versante politico, perché conduce a riscoprire la necessità o almeno l'utilità potenziale del conflitto … Ma il conflitto è diventato tabù per la sinistra di governo. Nel circuito istituzionale, soltanto Fabrizio Barca ne ripropone la funzione politica e sociale. Riabilitare il conflitto

> implica il disvelamento della irriducibile differenza tra gli interessi in gioco e allontana dai workshop esclusivi. Allora, va considerato roba da Novecento, in coerenza con la narrativa liberista. Ma senza conflitto sociale non si muove nulla. La disuguaglianza si acuisce. La rabbia monta.

Ho tralasciato, indicato con i puntini, un inciso su cui voglio tornare a conclusione. Qui va sottolineato che, sul fondamento di questo memo sul lavoro, vengono poi svolte le altre considerazioni, gli altri memo, libero mercato, atlantismo, europeismo, ambientalismo, sovranismo e populismo, alleanza sociale e assetti istituzionali, tutti i temi e problemi all'ordine del giorno che chiamano la Sinistra ad essere non solo sinistra di governo, ma anche, se non addirittura prima, sinistra nel Paese, presente, mobilitata, riconosciuta, nella vita quotidiana delle persone, in particolare e soprattutto di quelle persone che soffrono di una vita disagiata, che sono deboli e per questo hanno bisogno di una forza che le difenda, che le promuova e quindi le organizzi nella lotta per i loro bisogni e per i loro diritti.

Stefano usa la parola "mestiere" per la Sinistra. Non so se per caso o volutamente usa la maiuscola per una Sinistra del futuro, mentre riserva il minuscolo alla sinistra del presente. Ma è il richiamo al mestiere che risulta eloquente. Evoca molte cose. Ad esempio, l'operaio di mestiere, quella figura di lavoratore che aveva con il prodotto del suo lavoro non ancora un rapporto totalmente alienato, in quanto lo possedeva per intero, non da solo ma insieme ai suoi compagni. L'originaria smithiana divisione del lavoro era lontana dal raggiungere gli eccessi dei novecenteschi fordismo e taylorismo. C'era ancora qualcosa della tradizione artigianale in quella figura. Ancora quasi a fine Ottocento, e proprio nell'Inghilterra della prima Rivoluzione industriale, nasce quel movimento Arts and Crafts, di ispirazione socialista, che rivendicava il valore umano di questa figura. E non per tornare romanticamente indietro. William Morris (1834-1896), l'ispiratore di questo movimento, sarà il padre del Movimento Moderno in architettura e nelle arti minori, precursore dei moderni designer. Alla fine della sua vita scrisse un libro con questo titolo: *Lavoro utile, fatica inutile. Bisogni e piaceri della vita, oltre il capitalismo* (1894). Titolo ben eloquente.

Dico questo per introdurre un argomento che mi sta molto a cuore. Non si può guardare solo il positivo nei processi di innovazione, il positivo che c'è ed è sempre più totalizzante, occorre riuscire a vedere anche il negativo, soprattutto quando la rivoluzione tecnologica assume modi, tempi e ritmi che la forma umana non può seguire senza perdersi. La Sinistra di oggi, in quanto si dice progressista, si mostra del tutto subalterna a questi processi. La Sinistra di domani deve riaggiustare il tiro, possedere politicamente per intero questi processi, come il lavoratore tradizionale possedeva per intero il prodotto del suo lavoro. Lo dice un operaista sviluppista che ha visto nell'operaio massa della catena di montaggio la figura per eccellenza rivoluzionaria. Non è andata così. Delle repliche della Storia bisogna pur tener conto. La Storia a volte è nemica. Lo è stata in particolare negli ultimi decenni, da quando è stata abbattuta l'unica forza politica che la contestava. La violenta reazione antinovecentesca ha fatto il lavoro sporco, di cui sinistre nazionali ed europee non hanno avuto la più pallida coscienza. Gli incantati cantori del nuovo che avanza hanno dato una buona mano ai vincitori della guerra di classe. Per premio li hanno, qua e là, ammessi nel salotto buono dei governi per procura, per usare un'espressione tornata in campo.

La tradizione, ben compresa, ben usata, è una grande potenza di trasformazione dell'esistente. La tradizione è popolo, e il popolo è tradizione. Se non ti radichi lì dentro, non c'è nessuna possibilità di cambiare il fondo delle cose. Non puoi vendere agli ultimi della società i nuovissimi prodotti postmoderni, si chiamino essi anche diritti. Non vogliono comprarli. Perché non li sentono propri. Senza mettere in conto questo dato di realtà, non è possibile, in queste democrazie puramente elettorali, organizzare una forza di sinistra in senso proprio a vocazione maggioritaria. Dovrai sempre correre dietro a coalizioni, ulivi, unioni, campi larghi, dove tutto ti è permesso di fare tranne un governo di vera trasformazione politico-sociale. Se lasci la tradizione di popolo alla destra, ti rimane solo di gestire con la Sinistra un'innovazione di sistema. Non capisco come si fa a non capire questa cosa elementare. Se la Sinistra non toglie voti, quei voti, alla destra, mai potrà pensare di arrivare a governare, rimanendo se stessa, in quanto se stessa, con il suo universo di valori, certo, ma anche, e direi soprattutto, con una armatura di rivendicazioni programmatiche e progettuali imposte con le lotte organizzate dal basso della società.

Ci sono tanti diversi temi in questo libro che altri, spero, vogliano riprendere e sviluppare, con le intelligenze e le competenze necessarie. Accenno soltanto a un passaggio, che andrebbe ripreso e approfondito, nel contesto del critico rapporto teorico-pratico tra sovranità e sovranismi. È il tema dell'Europa, considerata dal punto centrale del suo destino politico, argomento di grande possibile futuro e, purtroppo, di piccolo presente reale. Trovate qui il richiamo a quelle elaborazioni di una *european demoicracy*, cioè più popoli, intesi come Stato e cittadini, che convivono in una vera comunità più che in una falsa unità. Tutto da auspicare, forse tutto da sognare, finché il governo effettivo di questa Europa si chiami Commissione Economica Europea, senza gli Adenauer, Schumann, De Gasperi e, al loro posto, le von der Leyen, i Michel, i Borrell, il Parlamento europeo che discute, il Consiglio Europeo che rinvia... e la BCE che decide.

C'è un drammatico, tragico, passaggio storico in atto, con questa guerra: che evidenzia un punto di determinante alta decisione politica. L'Europa non può farsi travolgere dal tramonto dell'Occidente che, evocato un secolo fa, sta arrivando tra oggi e domani ai suoi ultimi esiti. Se ne deve trarre fuori: al più presto. L'Europa non è solo Occidente, è anche Oriente. La sua vocazione storico-politica la mette al centro di queste due civiltà-mondo, non come muro ma come ponte. Allo stesso modo che è ponte tra Nord e Sud del mondo. Per questo va spezzato l'euroatlantismo delle classi dominanti, che le sinistre democratico-progressiste seguono come il cagnolino al guinzaglio. Chi può caricarsi sulle spalle questa prospettiva quasi messianica se non una grande forte sinistra di popolo, del futuro? Non si può dire meglio che con le parole di Walter Benjamin: «Il tempo futuro [...] è il tempo che la tradizione degli oppressi attende che si compia».

Il memo conclusivo #8 recita: «La Storia da scrivere per il neo-umanesimo laburista e ambientalista». È un progetto impegnativo. Sale di livello la critica delle quattro sacre libertà dell'ordine mercantilista, scolpito anche nei Trattati europei: come si dice qui, «libertà assoluta di circolazione di capitali, servizi, merci e persone». Il mestiere della Sinistra dovrebbe contemplare qualcosa di diverso e alternativo: «Un programma [...] credibile per la riconquista del primato della Politica sull'Economia, per la pace, per il governo dei mercati, per la centralità della persona, per la dignità del lavoro, per la salvezza nostra e del pianeta». Si può definire tutto questo un «neo-umanesimo laburista e ambientalista»? Se serve per convincere e mobilitare, forse sì. Se deve servire per capire e per agire, distinguerei. Ognuno ha le sue proprie sensibilità d'animo e le sue proprie appartenenze teoriche in testa. Capisco le buone intenzioni di dire "umanesimo", di dire "fratelli tutti", di dire "salvezza del pianeta". Ma quando guardo alla cruda realtà delle cose come stanno e cioè a quello squilibrio delle forze tra il sopra e il sotto di questa società, quelle parole mi tornano insufficienti proprio ai bisogni del conflitto di classe in forme nuove, di cui qui si sta parlando. Qual è il problema? È che a quelle espressioni nessuno si sente di dire di no. La metto giù cruda. Quando una parola va bene a tutti, non va bene per rovesciare il tutto. E allora chi ha più forza la usa per i propri interessi. E oggi ha più forza chi comanda il mondo.

Io penso una cosa. La penso nel profondo, perché mi viene dalla *magistra historia* e da una pratica teorica della politica. I padroni del mondo vanno spaventati. Solo così sono disposti a concedere qualcosa. Tutti legittimi i giudizi di critica e di condanna di quanto è accaduto in un certo Paese tra il 1917 e il 1991, ma una cosa è certa e nessuno la può smentire. Quella minaccia tutta antagonistica al proprio ordine ha costretto il capitalismo a venire almeno a patti con il suo nemico interno, il movimento operaio: dal New Deal al Welfare State al compromesso socialdemocratico. Davanti a una *Kultur* alternativa ha dovuto procedere a una sua *Zivilisation*. È il movimento operaio con le sue lotte in Occidente, e attraverso il tentativo di costruzione di una società altra in Oriente, che ha civilizzato il capitalismo. Caduto quel soggetto, e quella minaccia, è tornato alla sua originaria natura predatoria, senza regole, senza controlli, aggravando disuguaglianze di reddito, di status, di potere. E questa è stata la globalizzazione ordoliberale.

Qui da riprendere quel passo del libro, sostituito dai puntini. Raccomandando la necessità potenziale del conflitto, Fassina scrive: «Il conflitto non per fare la rivoluzione, ma per far rispettare la persona che lavora, per fargli recuperare dignità, per arrivare a un compromesso: indicatore imprescindibile di una democrazia funzionante e programma fondamentale della nostra Costituzione». Tutto bene. Tutto questo è saggio riformismo. Perché indubbiamente il riformismo è saggio. Ma ecco il pensiero che va fatto seguire. Il riformismo senza una minaccia rivoluzionaria non ottiene nemmeno quello che chiede.

E un'ultima cosa. L'altra saggezza, quella della lotta alternativa, dice questo: la strategia dei piccoli passi non scalda i cuori. E per chiamare a combattere bisogna scaldare i cuori. Il "sogno di una cosa" è indispensabile per ottenere anche i più piccoli risultati. Ma è necessario anche per uscire da sé, dalla propria individualità e per accompagnarsi ad altri nell'impegno collettivo su qualcosa per cui valga la pena. Insomma, questo presente, nella sua totalità, ce lo dobbiamo tenere perché non c'è alternativa e allora abbiamo aderito alla parola d'ordine su cui si è costruita l'intera fase neoliberale? Oppure, questa fase ripropone, in grande, il tema, il problema vero: quello di cercare ancora un "oltre", qualcosa che si proponga di andare al di là di questa forma di mondo e di questa forma di vita? Non c'è una dimostrazione scientifica di quell'oltre. Questa è stata l'illusione ideologica, ottocentesca, positivista, di marxismo e socialismo. Il Novecento l'ha mandata a gambe all'aria. Grazie a quel grande secolo. Bisogna crederci: suscitare nuove fedi, laiche, civili, tolleranti, ma non ecumeniche, non umanitarie, piuttosto poste al servizio di quella parte oppressa di umanità, che rimane il nostro punto di riferimento. Ricostruire, tornare a presentare orizzonti di liberazione, se non addirittura, la parola non mi fa paura, di redenzione. Perché la parte oppressa di umanità esiste ancora nelle periferie, maggioritarie e abbandonate, del mondo grande e terribile, fuori dell'Occidente e dentro l'Occidente. Nella globalizzazione far emergere, allora proprio di necessità e urgenza, il compito di un nuovo legame di solidarietà internazionale tra quel dentro e quel fuori. E qui il mestiere della Sinistra ha l'occasione di mettere a frutto l'eredità del movimento operaio, che ancora attende di essere spesa.

Questi, a conclusione, sono i punti su cui si potrebbe riflettere, i punti di cui si dovrebbe discutere, a partire da questo libro.

Bibliografia

AA.VV., *Study on intergenerational fairness – Final Report*, a cura di M. Raitano per la Fondazione Giacomo Brodolini e lo European center for social welfare policy and research, European Commission, luglio 2021.

AA.VV., *Relazione del gruppo di lavoro sugli interventi e le misure di contrasto alla povertà lavorativa in Italia*, https://www.lavoro.gov.it/priorita/Documents/Relazione-del-Gruppo-di-lavoro-sugli-Interventi-e-misure-di-contrasto-alla-poverta-lavorativa-in-Italia.pdf, dicembre 2021.

Alesina Alberto, Giavazzi Francesco, in «Corriere della Sera».

Barba Aldo, Pivetti Massimo, *Il lavoro importato. Immigrati, salari e Stato sociale*, Molteni Editore, 2019.

Barcellona Pietro, L'individualismo proprietario, Bollati Boringhieri, 1987.

Boitani Andrea, *L'illusione liberista. Critica dell'ideologia di mercato*, Laterza, 2021.

Bonomi Aldo, *Il capitalismo molecolare*, Einaudi, 1997.

Bonomi Aldo, Francesco Pugliese, *Tessiture sociali*, Egea, 2018.

Bröning Michael, *Lob der Nation. Warum wir den Nationalstaat nicht der Rechtspopulisten überlassen dürfen*, Dietz-Verlag, 2018.

Caffè Federico, *La solitudine del riformista*, Bollati Boringhieri, 1990.

Carli Guido, *Cinquant'anni di vita italiana*, in collaborazione con Paolo Peluffo, Laterza, 1993.

Cassano Franco, *Il pensiero meridiano*, Laterza, 1996.

Cofferati Sergio, Sateriale Gaetano, *A ciascuno il suo mestiere. Lavoro, sindacato e politica nell'Italia che cambia*, Dalai Editore, 2002.

D'Attorre Alfredo, *L'Europa e il ritorno del "Politico". Diritto e sovranità nel processo di integrazione*, G. Giappichelli Editore, 2020.

Debenedetti Franco, *Fare profitti. Etica dell'impresa*, Marsilio Editori, 2021.

Fassina Stefano, *Il lavoro prima di tutto*, Donzelli, 2011.

Fassina Stefano, *Fassina: perché dico no all'autodeterminazione senza limiti*, in «il manifesto», 5 marzo 2016.

Ferguson Niall intervistato da Luigi Ippolito, *Lo storico Niall Ferguson: «Biden ora punta a far cadere il regime di Putin. È un grave errore»*, in «Corriere della Sera», 30 marzo 2022.

«Financial Times» – Editorial board, *The great resignation is not going away*, in «Financial Times», 1 febbraio 2022.

Formenti Carlo, *Il socialismo è morto. Viva il socialismo*, Meltemi, 2019.

Friedman Milton, *The Social Responsibility Of Business Is to Increase Its Profits*, «The New York Times», 13 settembre 1970.

Friedman Thomas, *Foreign Affairs Big Mac I*, in «The New York Times», 8 dicembre 1996.

Fukuyama Francis, *The end of history and the last man*, The Free Press, 1992; trad. it. *La fine della storia e l'ultimo uomo*, Rizzoli, 1992.

Gramsci Antonio, *Merce*, in *Sotto la Mole*, in «Avanti!», 6 giugno 1918.

Ipsos – Pagnoncelli Nando, *Sondaggi e voto. Il centrodestra è avanti sempre*, in «Corriere della Sera», 31 dicembre 2021.

ISTAT, http://dati.istat.it/Index.aspx?QueryId=26903.

Izzo Francesca, *Ddl Zan. Ma con l'identità di genere si vuole annullare la donna*, in «Avvenire», 24 giugno 2021.

Keynes John Maynard, *The General Theory of Employment, Interest and Money*, Macmillan, 1936; trad. it. *Teoria generale dell'occupazione, dell'interesse e della moneta*, Mondadori, 2019.

Letta Enrico, *Un nuovo ordine europeo. Il manifesto di Enrico Letta*, in «Il Foglio», 11 aprile 2022.

Luciani Massimo, *Il brusco risveglio. I controlimiti e la fine mancata della storia costituzionale*, in «Rivista dell'Associazione Italiana dei Costituzionalisti», n. 2, 2016.

Krastev Ivan intervistato da «Der Spiegel International», 17 marzo 2022.

Magatti Mauro, *Cambio di paradigma*, Feltrinelli, 2017.

Marx Karl, *Das Kapital*, Verlag von Otto Meisner, 1867; trad. it. *Il Capitale*, Unione Tipografico Editrice Torinese, 1886.

Matthijs Matthias, Parsons Craig, *Single-Market Power. How Europe Surpassed America in the Quest for Economic Integration*, in «Foreign Affairs», maggio-giugno 2022.

Mearsheimer John, *John Mearsheimer on why the West is principally responsible for the Ukrainian crisis*, in «The Economist», 10 marzo 2022.

Monti Mario, *Il valore di una lettera: a dieci anni di distanza*, in «Corriere della Sera», 4 agosto 2021.

Morris William, *Useful Work versus Useless Toil, Socialist League Printery*, 1894; trad. it. *Lavoro utile, fatica inutile. Bisogni e piaceri della vita, oltre il capitalismo*, Donzelli, 2009.

OCSE, *Taxing Wages 2022*, OECD, 2022, https://www.oecd.org/tax/taxing-wages-20725124.htm.

Papa Francesco, *Fratelli tutti*, San Paolo Edizioni, 2020.

Papa Francesco, *Introduzione* a Joseph Ratzinger Benedetto XVI, *La vera Europa. Identità e missione*, Edizioni Cantagalli, 2021.

Parsi Vittorio Emanuele, *Mercati chiusi. La lezione tedesca per il resto dell'Europa*, in «Il Messaggero», 31 marzo 2022.

Pasolini Pier Paolo, *Lettere luterane*, Einaudi, 1980.

Piketty Thomas, *Le Capital au XXIe siècle*, collection «Les Livres du nouveau monde», Le Seuil, 2013; trad. it. *Il Capitale nel XXI secolo*, Bompiani, 2014)

Polanyi Karl, *The Great Transformation. The Political and Economic Origins of Our Time*, Rinehart, 1944; trad. it. *La grande trasformazione*, Einaudi, 1974.

Prospero Michele, *Zelensky è il megafono di Biden: l'Europa stia attenta al presidente americano che non vuole la fine della guerra*, in «Il Riformista», 23 marzo 2022.

Reichlin Alfredo intervistato da Antonio Gnoli, Alfredo Reichlin: "La politica la fa chi crede in se stesso, su di me ho avuto più di un dubbio", in «la Repubblica», 7 dicembre 2014.

Reichlin Lucrezia, *Oltre Maastricht: un nuovo patto in Europa*, in «Corriere della Sera», 19 dicembre 2021.

Romano Onofrio, *La libertà verticale*, Meltemi, 2019.

Salvi Cesare, *Capitalismo e diritto civile*, il Mulino, 2016.

Sapelli Giulio, *Nella Storia mondiale. Stati Mercati Guerre*, Guerini e Associati, 2021.

Spadaro Antonio, *Papa Francesco in conversazione con i direttori delle riviste culturali europee dei gesuiti*, in «La Civiltà Cattolica», Quaderno 4128, vol. II, 18 giugno 2022.

Spinelli Altiero, Rossi Ernesto, Colorni Eugenio, *Il Manifesto di Ventotene*, terza stesura, Edizioni del Movimento italiano per la Federazione europea, 1944.

Togliatti Palmiro, *Il patriottismo dei comunisti*, in «Rinascita», anno II, n. 7-8, luglio-agosto 1945.

Viesti Gianfranco, *Verso la secessione dei ricchi? Autonomie regionali e unità nazionale*, Laterza, 2019.

Viesti Gianfranco, *Centri e Periferie. Europa, Italia, Mezzogiorno dal XX al XXI Secolo*, Laterza, 2021.

Villone Massimo, *Lo sciopero è politico come dice l'art. 40 della Costituzione*, in «il manifesto», 10 dicembre 2021.

Visco Vincenzo, *Carlo Azeglio Ciampi. 1920-2020*, Edizione della Normale, 2021.

Wagenknecht Sahra, *Die Selbstgerechten. Mein Gegenprogramm – für Gemeinsinn und Zusammenhalt*, Campus, 2021; trad. it. *Contro la sinistra neo-liberale*, Fazi Editore, 2022.

Indice dei nomi

Indice

Stampato da Fp Design s.r.l.
Via delle Baleari, 228 – 00121 Roma
www.fp-design.it
per conto di Lit Edizioni s.a.s.